Martina Meuth
Bernd Neuner-Duttenhofer

Unsere besten Rezepte
Durch die Jahreszeiten

Bassermann

Diesmal beschäftigen wir uns ausführlich mit Gemüse. Das heißt nicht, dass es gar kein Fleisch oder Fisch gibt. Aber anders als sonst soll Gemüse die Hauptsache sein, alles andere sich als Beilage unterordnen.

Der Text dieses Buches entspricht den Regeln der neuen deutschen Rechtschreibung.

ISBN: 978-3-8094-2246-4

Lizenzausgabe des Bassermann Verlags, einem Unternehmen der Verlagsgruppe Random House GmbH, 81673 München

Originaltitel »Hauptsache Gemüse«,
Das Begleitbuch zur
WDR ServiceZeit
Essen und Trinken
Redaktion der Sendung:
Rainer Nohn

Umschlagestaltung: Atelier Versen, Bad Aibling
Videograbs: Imhoff Realisation,
hergestellt von Heinz Ruess, Schramberg
Weitere Fotos: Martina Meuth
Digitaler Seitenaufbau und Reproduktionen:
Straub Druck+Medien GmbH, Schramberg
Gesamtherstellung: Horst Schöck, Schramberg
Redaktion dieser Ausgabe: Anja Halveland
Druck und Bindung: Neografia, Martin

Printed in Slovakia

817 2635 4453 6271

Inhalt

Spitzkohl & Wirsing 100

Die Blätter gefüllt und als elegante Päckchen oder herzhafte Röllchen, in Strudelteig gewickelt, im Salat oder à la chinoise – ein unterschätztes Gemüse!

Artischocken 114

Das stachelige Gemüse wird endlich auch bei uns immer beliebter. Die wichtigsten Tipps, wie man mit Artischocken umgeht und wie sie am besten schmecken.

Chicorée & Radicchio 128

Beide sind verwandt, in beiden steckt mehr als nur eine Salatzutat. Geschmort, gebacken oder gedünstet, im Risotto, als Croquetten. Ein wundervolles Wintergemüse.

Vorwort

Rainer Nohn, Redakteur ServiceZeit Essen und Trinken

Wenn unser Kochduo sich hauptsächlich dem Gemüse widmet, dann hat das mehrere Gründe. Frisches und schonend zubereitetes Gemüse ist äußerst schmackhaft und mit den richtigen Zutaten versehen eine Delikatesse.
Die Zeiten, in denen Gemüse weich gekocht wurde, sind lange vorbei. Der mittelhochdeutsche Name »Muos« – breiige Speise – lässt noch auf die frühere Zubereitungsart schließen.
Gemüse ist heute durch Züchtungen zarter als früher und kann schnell gegart und gedünstet werden. Nur so bleiben sein Eigengeschmack und seine Struktur erhalten.
Dass Gemüse gesund ist, weiß man seit langem. Es trägt Ballast- und Mineralstoffe sowie reichlich Vitamine in den menschlichen Organismus. Und im Gemüse verstecken sich so genannte sekundäre Pflanzenstoffe.
Wissenschaftler entdecken immer mehr solcher Stoffe und haben nachgewiesen, wie wichtig sie in ihrer Kombination für die Gesundheit sind. Sie beeinflussen zahlreiche Stoffwechselwege, die darüber entscheiden, ob Krankheiten entstehen. Sekundäre Pflanzenstoffe verhindern die Bildung von krebsauslösenden Substanzen und hemmen unkontrollierte Zellteilungen im Körper.
In Studien wurden auch die positiven Wirkungen auf das Herz-Kreislauf-System nachgewiesen.
Aber wir Deutsche haben einen enormen Nachholbedarf beim Gemüseverbrauch. Die Italiener essen pro Kopf doppelt so viel Gemüse wie die Deutschen, die gerade mal auf durchschnittlich 230 Gramm täglich kommen.
Dabei herrscht auch hierzulande kein Mangel an den verschiedensten Gemüsesorten. Über 750 davon sind in der vom Bundessortenamt herausgegebenen Liste eingetragen.
Das ganze Jahr über ist Gemüse heutzutage leicht zu besorgen. Aber besonders frisch ist es, wenn es aus der Region kommt und Saison hat.
»Regional und saisonal« heißt das Motto für den Frische-Einkauf. Ist es zu Hause angelangt, sollte es möglichst schnell verarbeitet werden. Die Inhaltsstoffe werden bei längerer Lagerung schnell abgebaut und der Geschmack geht verloren.
Dass Sie auf den Geschmack von Gemüse kommen, ist erklärtes Ziel dieses Kochbuchs.
In bewährter Manier haben Martina und Moritz (wie sie ihn nennt) Rezepte entwickelt, die Gemüse in allen möglichen Variationen zu einem Geschmackserlebnis werden lassen.
Sie haben sich in ausländischen Küchen umgesehen und von deren traditionellen Gerichten inspirieren lassen. Die asiatischen und die mediterranen Rezepte haben sie oft zur Grundlage ihrer eigenen Kreationen genommen, die auch dem deutschen Gaumen gefallen sollen.
Natürlich sind Fleisch und Fisch hin und wieder im Spiel. Aber die Hauptsache ist eben Gemüse aller Art, zubereitet nach ihrer Devise: einfach und doch raffiniert.
Das Buch, das Sie in Händen halten und Sie in Ihrer Küche begleiten soll, ist das Ergebnis der Sendereihe ServiceZeit Essen und Trinken, die im WDR-Fernsehen und anderen Dritten Programmen der ARD läuft.
Dieser erfolgreiche Dauerbrenner wird in der Fernsehküche im Haus des Kochduos von dem Regisseur Arno Imhoff mit seinem sechsköpfigen Team aufgenommen.
Die Mitarbeiter sind die ersten Testesser, denn sie dürfen nach jeder Produktion probieren.
Und erst wenn sie sagen »es schmeckt«, sind auch die Köche mit ihrer Arbeit zufrieden.
Dass auch Sie Erfolg mit den Rezepten aus diesem Buch haben und dem Gemüse einen festen Platz in Ihrer Küche einräumen, wünscht Ihnen *Rainer Nohn.*

Vorbemerkung

Vorbemerkung: *Martina Meuth / Bernd Neuner-Duttenhofer*

Ob wir unter die Vegetarier gegangen seien, wurden wir gefragt, als wir ankündigten, uns in unserer Sendung ganz auf Gemüse konzentrieren zu wollen. Nein, sind wir ganz bestimmt nicht!

Aber wir finden, dass Gemüse bei uns noch immer stiefmütterlich behandelt wird, auch wenn sich da in den letzten Jahren viel getan hat. Unter dem Einfluss der mediterranen Küchen, wo Gemüse ja traditionell eine viel bedeutendere Rolle spielt als bei uns, hat man Spaß daran gefunden und gelernt, besser, vernünftiger und sorgfältiger mit Gemüse umzugehen. In der griechisch-türkischen, der italienischen, provenzalischen und spanischen Küche räumt man schon seit je dem Gemüse einen sehr hohen Stellenwert ein und betrachtet es nicht nur als Beilage zum eigentlichen Mittelpunkt der Mahlzeit, dem Fleisch oder Fisch. Wir haben uns dies zum Vorbild genommen und servieren ein Jahr lang Gemüse als »Hauptsache« – Fleisch und Wurst, Fisch und Meeresfrüchten weisen wir die Nebenrolle zu.

Gemüse wird heute gottlob nur noch selten zu dem gemacht, woher sich das Wort ableitet: nämlich »Mus«. Die Sitte unserer Voreltern, sämtliches Grünzeug und Wurzelwerk so lange zu kochen, bis es vollkommen weich ist und sich zermusen lässt beziehungsweise schon von selbst zerfällt, ist ja längst vorbei. Kraut und Rüben waren damals noch derbe, zähe, ledrige oder holzige Gewächse, man musste sie lange kochen, um sie überhaupt genießbar zu machen. Erst Züchtungen und gärtnerisches Können haben ab dem 15. Jahrhundert daraus zartere Pflänzchen entstehen lassen, die mit kürzeren Garzeiten auskommen und unendlich viel besser schmecken. Außerdem bleiben bei kurzen Kochzeiten und schonenderen Garmethoden (wie Dünsten und Dämpfen) natürlich mehr Inhaltsstoffe erhalten: Mineralien, Spurenelemente, Vitamine, bioaktive Substanzen werden nicht ausgeschwemmt oder durch exzessive Hitze zerstört.

Nicht vergessen darf man die damalige Armut der Leute in unseren teilweise sehr unwirtlichen Landstrichen: Menge und Nahrhaftigkeit, nicht Zartheit und feiner Geschmack waren das Ziel des Gemüseanbaus.

Viele der heute auch bei uns üblichen, ursprünglich aber aus Asien, Amerika oder dem Mittelmeerraum stammenden, feinen Gemüsesorten konnte man damals hier noch nicht anbauen – sie mussten erst durch Züchtung an unsere kurzen Sommer gewöhnt werden, die ja, wie Heinrich Heine meinte, eigentlich nur »grün angestrichene Winter« sind...

Gurken, Zucchini und Kürbisse, Bohnenkerne, Tomaten und Mais, Broccoli, Auberginen, Paprika und Artischocken kannte man gar nicht. Man war auf die weniger empfindlichen, derberen Sorten beschränkt, und dann ließ man das Gemüse obendrein so groß wie möglich werden, um mit der größeren Menge die vielen hungrigen Mäuler stopfen zu können. Aber ausgewachsenes Gemüse ist natürlich nicht mehr so zart. Jahrhundertelang wurden nicht umsonst die begehrten »Primeurs« von französischen Gourmets sogar höher eingeschätzt als Fleisch. Allerdings kamen nur die

Reichen in diesen Genuss, die über eigene Gärtner oder sehr viel Geld verfügten. Der Gastrosoph Grimod de la Reynière beschreibt eindrücklich, wie viel Geld anspruchsvolle Feinschmecker zu Beginn des 19. Jahrhunderts für Gemüse auszugeben bereit waren: Das Jahresgehalt eines Arbeiters für ein einziges Bündel feinsten Spargel!

Diese schlimmen Zeiten des Hungers haben wir in Europa zum Glück überwunden. Heute stehen uns zarte Gemüse rund ums Jahr zur Verfügung – teilweise aus eigenem Anbau, zum größten Teil jedoch als Importe aus klimatisch günstigeren Gegenden, vor allem aus dem Mittelmeerraum. Aber auch aus Hollands Gewächshäusern und den milden, vom atlantischen Golfstrom umspülten Gestaden Frankreichs; aus Florida und Kalifornien, Brasilien und Chile, Kenia und Südafrika, Thailand und Vietnam importieren wir zarte und exquisite Gemüse zu Jahreszeiten, in denen sie in Europa nicht gedeihen. Dank ausgeklügelter Logistik, sorgfältiger Produktion, Ernte und Verpackung sowie der peinlich genau eingehaltenen Kühlung kommen diese Gemüse per Flugzeug inzwischen makellos frisch in unsere Läden.

Noch frischer sind die Produkte unserer Bauern und Gärtner auf den Wochenmärkten – vor allem Blattgemüse wie Mangold oder Spinat sollten ja schon Stunden nach der Ernte verzehrt werden. In jedem Fall sollten wir den in der jeweiligen Jahreszeit bei uns gedeihenden Gemüsen den Vorzug geben! Doch unsere Gärtner erzeugen gar nicht genügend Ware, weshalb wir immer auf Importe angewiesen sind.

Grüne Bohnen und Spargel, Kaiserschoten und Maiskölbchen, Artischocken und Radicchio, Broccoli und Blumenkohl, Staudensellerie und Bundmöhren, Auberginen und Tomaten, Paprika und Chilis sowie die vielerlei aromatischen Kräuter Asiens vertragen, richtig verpackt und gut gekühlt, durchaus ein paar Tage Lagerzeit. Und wieder andere Gemüsesorten, vor allem die winterlichen, können ohne Verluste an Geschmack oder ernährungsphysiologischem Wert etwas länger warten, ehe sie im Kochtopf landen, zum Beispiel Knollensellerie, Schwarzwurzeln und Rote Bete, Möhren und andere Rüben, Rosenkohl, Wirsing und die anderen frühen Kopfkohlsorten.

Hinzu kommt die moderne Küchentechnik: Sie hilft uns, all diese wundervollen Gemüse wohlschmeckender zuzubereiten als man das noch vor ein paar Jahren konnte. Galt beispielsweise verkochter, grob passierter Spinat samt Mehlklümpchen ganzen Generationen zu Recht als Inbegriff deutscher Manschküche, so pürieren wir ihn mit dem elektrischen Mixer zu einer glatten, äußerst zarten Creme, die nur mit einem Schuss Sahne oder einem kleinen Löffel Butter gebunden wird – ein Gericht der feinsten Sterne-Küche! Artischocken, in früheren Zeiten ein Armenessen in Italien und dort heute so alltäglich wie hierzulande die noch vor hundert Jahren unbekannten Tomaten, gehören zu den Gemüsesorten, die von uns Deutschen noch entdeckt werden müssen. Auch hier hilft die moderne Technik: Im Schnellkochtopf sind sie viel einfacher und wohlschmeckender zuzubereiten als im normalen Topf. Überhaupt nützt bei den Garmethoden ein Blick über die Grenzen: alle festeren Gemüse gewinnen durch exakte Schnitttechnik und schnelles Garen bei großer Hitze im Wok eine völlig neue Geschmacksfülle.

Ernährungsphysiologen empfehlen uns seit Jahrzehnten, weniger Fett und mehr Ballaststoffe zu uns zu nehmen. Mit Gemüse lässt sich diese Aufgabe auf angenehmste Weise lösen. Wir sollten uns ein Beispiel an den Türken nehmen, die mehr als doppelt so viel Gemüse essen wie wir Deutschen. Und infolgedessen auch mehr Erfahrung in der Verarbeitung haben, vielerlei Vorspeisen und Hauptgerichte daraus zuzubereiten verstehen.

Wenn wir im Zeitalter von BSE und Hormonskandalen ab und zu auf Fleisch verzichten, schadet uns das nicht. Aber auch bei Gemüse sollten wir auf nachhaltige Produktionsweisen und Qualität achten. Damit scheint es bei uns mehr denn je zu hapern. Die noch vor zwei Jahren so tatkräftig angestrebten Ziele des ökologischen Landbaus sind wieder in weite Ferne gerückt. Die Massenproduktion billigster Ware unter teilweise bedenklichen Bedingungen feiert weiterhin fröhliche Urständ. Die Kontrollorgane decken so oft Missstände und Skandale auf, dass man den Eindruck hat, eigentlich kaum noch etwas unbeschadet essen zu können. Der Preiskampf der großen Handelsketten gaukelt uns dabei vor, wir bekämen beste Qualität für erstaunlich wenig Geld. Das kann nicht funktionieren! Die Produzenten werden immer mehr unter Druck gesetzt, geradezu dazu erpresst, am Rande des Abgrunds um ihre Existenz kämpfend, gesundheitsgefährdende oder gar kriminelle Methoden anzuwenden, um noch billiger noch mehr produzieren zu können. Wenn der Kunde aber nicht bereit ist, einen gerechten Preis zu bezahlen, dann trägt er Mitschuld am Elend unserer Landwirtschaft. Wenn er nicht etwas Gutes, sondern nur Billiges kauft, schadet er sowohl der Gesellschaft wie sich selbst: Schlechtes Essen macht krank. Und dann entstehen wiederum Kosten, die über die Krankenkassen der Gesellschaft aufgebürdet werden. Wir können uns diese Kosten schon jetzt nicht mehr leisten, für die Zukunft sieht es düster aus. Vor diesem Hintergrund ist eigentlich jeder aufgerufen, sich richtig und gesund zu ernähren – die Kosten für die Folgen falscher Ernährung schlagen jährlich mit über 60 Milliarden Euro zu Buche.

Wer nur Billigware einkauft, will sich offensichtlich weder gesund ernähren noch die Gaben der Natur genießen: Er ist eben ein »Verbraucher«, der diese Waren *verbraucht,* um sich Energie zuzuführen. Wer indes auf Qualität achtet, kauft Lebensmittel, nämlich »Mittel zum Leben«. Beim ständigen Locken der Kundschaft ist unser Sinn für gerechte Preise weitgehend verkümmert. Denn freilich sagt der Handel nicht, dass er seine Ware billig anbietet, sondern er nennt sie preiswert – gerade dann, wenn sie ihren Preis überhaupt nicht wert ist! Würden wir alle – nicht nur die ausgepichten Feinschmecker und die auf Vollwert eingeschworenen Ökoanhänger – auf Qualität achten, stünde es besser um unser Wohlbefinden und unsere Umwelt. Wir alle sollten uns zusammentun und vereint an einem Strang ziehen. Denn es ist klar: Gute, vollwertige Produkte haben ihren Preis. Der Erzeuger muss für seine größere Mühe und den höheren Aufwand belohnt werden; auch das ist ein Anreiz für bessere Qualität. Wir bringen deshalb in diesem Buch immer wieder Tipps zur Warenkunde und Hinweise auf eine wünschenswerte Beschaffenheit von Produkten – bessere Kenntnis fördert den Genuss!

Und noch eins: Sollten Sie manche Gemüse und Kräuter, die wir in diesem Buch verwendet haben, nicht in Ihrer Nähe finden, auf bestimmte Gewürze, Würzpasten, Essige und Öle, Saucen oder andere Zutaten verzichten müssen – halten Sie sich nicht sklavisch an die Rezeptangaben, sondern improvisieren Sie nach eigenen Vorstellungen: Wer Estragon durch Kerbel ersetzt und Walnuss- durch Olivenöl, vernichtet nicht das ganze geschmackliche Gefüge eines Rezeptes, sondern schafft Neues. Kochen soll schließlich kreativ sein und Spaß machen …

Rosenkohl

Rosenkohl Die zarten Sprossen des Winters

Rosenkohl hat im Winter Saison!

Es gibt ja nicht viele Gemüsesorten, die wirklich nur zu einer ganz bestimmten Jahreszeit auf den Markt kommen (Ausnahmen bestätigen immer die Regel!). Längst haben wir uns daran gewöhnt, alles rund ums Jahr zur Verfügung zu haben. Aber gottlob gibt es noch den Spargel, der ins Frühjahr gehört, und eben den Rosenkohl, der nur im Winter zu haben ist. Rosenkohl soll nämlich erst nach dem ersten Frost geerntet werden, der seine feste Blattstruktur knackt und das Aroma freisetzt.

Deshalb verträgt es Rosenkohl auch bestens, eingefroren zu werden. Rosenkohl aus der Tiefkühlpackung kann man deshalb ruhig empfehlen.

Nehmen wie mal eine ganze Rosenkohlpflanze: Ist sie nicht wunderschön mit ihren strotzenden Blättern und den kleinen kugelförmigen Röschen?

Woher Rosenkohl kommt

Die hüfthohe Staude trägt die kleinen Röschen direkt am Stamm, aus dem sie in jeder Blattachsel heraus sprießen. Übrigens soll diese Kohlsorte Ende des 18. Jahrhunderts bei Brabant entwickelt worden sein, weshalb man sie auch Belgischen oder Brüsseler Kohl beziehungsweise Brüsseler Sprossen nannte.

Worauf man beim Einkauf achten sollte

Die Röschen sollen fest sein, dicht geschlossen, etwa die Größe von Walnüssen haben und appetitlich grün aussehen. Gelbliche Blätter außen beweisen, dass es schon ziemlich lange her ist, dass man die Röschen geerntet hat ... Gelbe Blätter innen zeigen jedoch, dass die Röschen zart und jung sind!

Was in Rosenkohl steckt

Rosenkohl enthält besonders viel Vitamin C, was man ja im Winter im Allgemeinen nicht in so großem Maße zur Verfügung hat. Außerdem bringt er jede Menge Mineralien, und zwar reichlich Kalium, Phosphor, Magnesium und Eisen. Rosenkohl liefert viele Ballaststoffe, sie tun der Verdauung und der Darmflora gut. Fett enthält Rosenkohl nahezu keines, Angst vor zu viel Kalorien muss also niemand haben, wenn er es nicht im Kochtopf in allzu großen Mengen zufügt. Insgesamt Gründe genug also, ihn öfter mal auf den Tisch zu bringen.

Wie man mit Rosenkohl umgeht

- Grundsätzlich werden die Rosenkohlröschen sorgfältig geputzt. Das macht leider ein bisschen Arbeit: Denn man muss Röschen für Röschen in die Hand nehmen, den Stiel etwas kappen, lose, auch beschädigte Blätter entfernen. Die Strünke ritzt man mit einem spitzen Messer kreuzweise ein, das hilft ihnen, in derselben relativ kurzen Zeit gar zu werden wie das zartere Herz der Röschen selbst.
- Ein völlig anderes, ganz neues Gemüse wird aus Rosenkohl, wenn man die Köpfchen in einzelne Blätter zerlegt. Das ist eine Heidenarbeit, aber für ein außerordentliches Essen kann man sich diese besondere Mühe ja mal auferlegen. Denn es sieht verblüffend aus und der Rosenkohl bekommt so einen ganz anderen Geschmack.
- In beiden Fällen wird das Gemüse jetzt blanchiert: In reichlich Salzwasser werden die ganzen Röschen etwa 5 Minuten lang gekocht, dann eiskalt abgeschreckt. Das stabilisiert Farbe und Vitamine! Sie sind jetzt natürlich noch nicht richtig gar, haben noch allzu viel Biss. Deshalb lässt man sie dann noch weitere 5 Minuten in etwas Butter endgültig weich dünsten, dabei kann man das Gemüse mit etwas Zucker karamellisieren lassen, zusätzlich mit Cayenne schärfen oder mit reichlich Muskat würzen.
- Und noch eins: Es ist schade, wenn Rosenkohl seine leuchtend grüne Farbe verliert und unansehnlich grau wird. Das passiert jedoch nur, wenn Sie Rosenkohl zu lange im Blanchierwasser lassen. Deshalb nach allerhöchstens 5 Minuten nicht nur abgießen, sondern die Röschen auch richtig abschrecken. Am besten in einer Schüssel mit Eiswasser, in dem tatsächlich noch Eiswürfel schwimmen. Vor allem, wenn die Röschen richtig dick und rund sind, durchdringt sie die Kälte nur langsam. Erst danach kann man die Röschen in Butter weich dünsten, ohne dass sie sich verfärben. Nur so kann man sie auch mit Zitronensaft zum Salat anmachen und sie behalten weiterhin ihre schöne, appetitliche Farbe.
- Die zarten Blätter dürfen natürlich nur 1 bis 2 Minuten sprudelnd kochen und können dann als Salat oder als Gemüse zubereitet werden.

Rosenkohlblattgemüse

Eine elegante Art, Rosenkohl zu servieren – viele erkennen ihn gar nicht gleich, wenn er ihnen so aufgetischt wird. Probieren Sie aus, was Ihre Gäste dazu sagen.

ZUTATEN

Für zwei Personen:

400 g Rosenkohl
1 Zwiebel
2 Knoblauchzehen
2 EL Butter
1–2 rote Chilischoten (mild oder scharf, ganz nach Gusto)
2 EL Crème fraîche
Salz, Pfeffer
Muskat, Kerbel

1. Den Rosenkohl wie auf der vorhergehenden Seite beschrieben putzen, in Blätter teilen und in Salzwasser kurz blanchieren.

2. Inzwischen die Zwiebel fein würfeln und in Butter andünsten, zwei Knoblauchzehen schälen und durch die Presse hinzudrücken. Sobald die Zwiebel weich ist, fein gewürfelte rote Chilischote (nach Belieben entkernt, das mildert die Schärfe) zugeben.

3. Jetzt werden die abgetropften Blätter mitgeschwenkt, die Crème fraîche dazugegeben, mit Salz, Pfeffer und reichlich Muskat würzen. 2 Minuten einkochen – schon ist ein witziges Gemüse fertig. Grob zerzupften Kerbel unterrühren.

4. Dazu kleine, knusprig gebratene Lammkoteletts servieren und frisches Weißbrot.

GETRÄNK

Ein frischer, eventuell auch ganz junger, fruchtiger Rotwein – zum Beispiel ein Beaujolais oder Bardolino.

Rosenkohlsalat

Ein solcher Salat mag verblüffen, aber zum Beispiel zu Rehbraten, zu gekochtem Rindfleisch (Siedfleisch) oder einfach als Vorspeise schmeckt er köstlich. Man kann die Röschen nach dem Blanchieren eiskalt abschrecken, damit sie auch nach dem Anmachen mit der Vinaigrette ihre schöne grüne Farbe behalten – das sieht appetitlich aus. Oder sie gleich nach dem Abgießen noch heiß mit der Vinaigrette vermischen, wobei sich alle Aromen besser durchdringen – allerdings verfärben sich die Röschen dann unverzüglich in ein schmutzig-graues Gelbgrün. Sie müssen also entscheiden, was Ihnen wichtiger ist: Das perfekte Aussehen oder ein besserer Geschmack!

ZUTATEN

Für vier Personen:
500 g Rosenkohl
1 große, möglichst violette Zwiebel
2–3 hart gekochte Eier
1/2 rote Paprikaschote
Vinaigrette:
2 EL Dijon-Senf
2–3 EL Essig (z. B. Apfelessig)
nach Belieben auch noch 1 EL Balsamico-Essig
Pfeffer, Salz
4–5 EL Olivenöl

1 Röschen putzen, am Strunk kreuzweise einschneiden und in Salzwasser blanchieren. Eventuell in Eiswasser abschrecken.

2 Zwiebel fein würfeln, Eier kreuzweise durch den Eierschneider drücken, Paprika (nach Belieben zuvor geschält) ebenfalls in kleine Würfel schneiden.

3 Für die Vinaigrette alle Zutaten innig miteinander vermischen, am besten mit einer Gabel oder einem Schneebesen. Die abgetropften Rosenkohlröschen mit den vorbereiteten Zutaten in einer Salatschüssel umwenden.

4 Den kalt angemachten Rosenkohl kann man sofort servieren, den heiß angemachten sollte man wenigstens eine Stunde durchziehen lassen.

TIPP

Man kann den Salat natürlich zusätzlich mit in die Vinaigrette gedrückten Knoblauchzehen aromatisieren, mit Chili oder Cayennepfeffer schärfen, mit Kräutern (Kerbel, Petersilie oder Dill) aromatisieren und mit Tomatenwürfeln, geraspelten Möhren oder mit winzig fein gewürfeltem Stangensellerie ergänzen.

Gebackene Rosenkohlröschen

Einzeln in Teig getaucht und goldbraun knusprig ausgebacken, entstehen kleine Leckerbissen, die man hübsch als Appetithappen zum Aus-der-Hand-Essen reichen kann oder als Imbiss.
Dazu gehört natürlich eine Dip-Sauce: Zum Beispiel eine scharfwürzige Knoblauchmayonnaise, die ganz schnell mit dem Mixstab angerührt ist.

ZUTATEN

Für vier bis sechs Personen:

Ausbackteig:
150 g Mehl
Salz
1/2 TL Currypulver oder gemahlener Kreuzkümmel
1 Messerspitze Cayennepfeffer
1 TL Backpulver
1 Eigelb
1/4 l Bier

Außerdem:
500 g Rosenkohl
Salz
Butterschmalz oder ein anderes Fett zum Frittieren

Knoblauchmayonnaise:
2 Eigelb
4 Knoblauchzehen
1 TL Senf
Salz, Pfeffer
Cayennepfeffer oder
1 Chilischote
1/8 l Öl
1 Prise Zucker
Zitronensaft
2 gehäufte EL saure Sahne

1 Für den Teig Mehl, Salz, Curry oder Kreuzkümmel und Cayenne mit Backpulver mischen und mit dem Eigelb verquirlen, das Bier langsam einrühren, aufpassen, damit keine Klümpchen entstehen. Eine halbe Stunde ruhen lassen, damit sich der Kleber im Teig ausbilden kann.

2 Inzwischen den Rosenkohl putzen, kreuzweise einschneiden und in Salzwasser bissfest kochen – die Röschen dürfen nicht zu fest sein! Portionsweise durch den Teig ziehen, etwas abtropfen, dann schwimmend im Fett goldbraun ausbacken. Auf Küchenpapier gründlich abtropfen lassen.

Am besten ist zum Frittieren immer noch der Wok geeignet. Dank seiner zum Boden hin sich stark verjüngenden Fläche kommt man mit erheblich weniger Fett aus als in jedem normalen Topf mit geraden Wänden. Und trotzdem haben die einzelnen Teile reichlich Platz sich auszudehnen, weil der Wok sich nach oben so erheblich verbreitert. Achten Sie auf die richtige Temperatur: Das Fett sollte nicht mehr als 175 Grad haben. So kann das jüngst ins Gerede gekommene Acrylamid gar nicht erst entstehen, das sich bei hohen Ausbacktemperaturen (mehr als 190 Grad) auf stärkehaltigen Produkten bildet. Aber keine Angst: Die Mengen, die selbst bei unsachgemäßer Handhabung entstehen, wären nicht einmal dann gefährlich, wenn Sie täglich Frittiertes essen. Und wer tut das schon?

3 Für die Knoblauchmayonnaise die Eigelb in einen Mixbecher geben, zerdrückten Knoblauch, Senf, Salz, Pfeffer und Chilischote zufügen. Mit dem Pürierstab aufschlagen, langsam das Öl hinzufließen lassen, bis eine dicke, feste Creme entstanden ist. Mit Zucker und Zitrone abschmecken.

Erst ganz zum Schluss, nicht mit dem Mixstab, sondern von Hand, mit einem Schneebesen die saure Sahne unterrühren.

TIPP

Natürlich können Sie mit diesem Teig auch viele andere Gemüsesorten umhüllen, um sie in Fett schwimmend auszubacken. Es müssen nicht alle Gemüse dafür zuvor blanchiert werden: Kleine Blumenkohlröschen zum Beispiel behalten ihren nussigen Biss, wenn man sie roh frittiert. Geeignet sind auch Möhren in dünnen Scheiben – schräg, damit die Fläche größer wird, auch Zucchini und Auberginen, in streichholzschachtelgroße Flecken geschnittene Wirsingblätter, Spargelstangen (zur Saison – eine besonders elegante kleine Vorspeise oder ein Häppchen aus der Hand zum Glas Wein!). Man kann sogar ganze Champignons durch den Teig ziehen und knusprig ausbacken.

GETRÄNK

Vorzugsweise ein Pils oder anderes Bier – wer das nicht mag, trinkt einen frischen, kräftigen weißen oder roten Landwein dazu.

Rosenkohl-Kartoffel-Püree mit Champignons

Kartoffelpüree mit Rosenkohl? Gute Idee, sieht hübsch aus und schmeckt wunderbar. Kartoffeln werden geschält, gewürfelt und mit grob zerkleinerter Zwiebel in wenig Salzwasser gar gekocht. Der geputzte Rosenkohl wird separat blanchiert, damit er seine schöne grüne Farbe behält, aber anschließend darf er noch zusammen mit den Kartoffeln richtig weich kochen. Alles wird ohne das Kochwasser im Mixer püriert, dabei wird jedoch heiße Milch zugefügt und ein Stück Butter. Es wird mit Cayennepfeffer und Muskat gewürzt. Und mit reichlich Kräutern. Dazu schmecken gebratene Champignons! Wir haben übrigens blaue Kartoffeln genommen, die man immer öfter, aber durchaus noch selten auf unseren Märkten findet. Sie sind sehr mehlig und ergeben ein besonders schönes Püree. Und die lila Farbe ist herrlich schrill.

ZUTATEN

Für vier Personen:
1 kg Kartoffeln
2 Zwiebeln
2 Knoblauchzehen
1 Chilischote, Salz
1 kg Rosenkohl
ca. 1/4 l Milch
2 EL Butter
Cayennepfeffer, Muskat
Kerbel oder Petersilie

Außerdem:
100 g Speck in dünnen Scheiben
1 Zwiebel
1 EL Butter
500 g Champignons
ca. 1/8 l Sahne
Salz, Pfeffer

1 Die Kartoffeln und Zwiebeln schälen und grob würfeln. In einen Topf füllen, die geschälten Knoblauchzehen und die Chilischote zufügen. So viel Wasser angießen, dass gut die Hälfte davon bedeckt ist. Aufkochen, salzen, einen Deckel auflegen und etwa 20 Minuten gar kochen.

2 Inzwischen den Rosenkohl putzen und klein schneiden: halbieren oder sogar vierteln, damit die Stücke gleichzeitig gar werden. In reichlich Salzwasser 5 Minuten blanchieren, eiskalt abgeschreckt zu den Kartoffeln geben und noch 5 Minuten mitkochen.

3 Schließlich das Kochwasser abgießen, Kartoffeln und Rosenkohl mit einem Kartoffelstampfer pürieren, dabei die kochend heiße Milch langsam zufügen, so viel, bis die Konsistenz des Pürees stimmt. Zum Schluss die Butter unterrühren, mit Salz, Cayennepfeffer, Muskat und Kräutern würzig abschmecken.

4 Die Champignons putzen, in Scheiben schneiden. Die Zwiebel fein würfeln, in einer großen Pfanne in etwas Butter andünsten. Den Speck in sehr feine Streifen schneiden und mitbraten, schließlich auch die Pilze zufügen. Sparsam salzen, großzügig pfeffern. Auf mittlerem Feuer sanft dünsten, bis fast alle ausgetretene Flüssigkeit verkocht ist. Erst jetzt einen guten Schuss Sahne angießen und erneut aufkochen.
Passt wunderbar zum grünen (oder wie hier lila) Rosenkohl-Kartoffel-Püree!

TIPP

Es lohnt sich übrigens, gleich mehr von diesem fabelhaften Püree zu produzieren. Was übrig bleibt, wird mit Brühe bis zur gewünschten Konsistenz verdünnt: So entsteht eine sahnig-cremige Suppe – sie bekommt noch knusprige Croûtons als Einlage und wird mit Kräutern bestreut.

GETRÄNK

Wir haben dazu einen erfrischenden, nicht zu reifen, ganz trockenen Silvaner Kabinett aus Franken getrunken.

Rosenkohltarte

Nach der Idee der berühmten Tarte Tatin, des Apfelkuchen-Klassikers, der auf dem Kopf gebacken wird: Statt der Äpfel werden blanchierte Rosenkohlröschen Kopf an Kopf in eine ofenfeste Form gesetzt und in Butter gedünstet, dabei sogar ein bisschen mit Zucker karamellisiert – ein Hauch Cayenne im Karamell gibt einen herzhaften Akzent! Man kann noch zusätzlich Pinienkerne zwischen die Röschen streuen, die nachher für Biss sorgen; schließlich wird ein Deckel aus Mürbteig aufgelegt, in diesem Fall natürlich ungesüßt.
Nach dem Backen wird die Tarte gestürzt und in Stücke geschnitten – zusammen mit einem Salat ein ebenso hübsches wie originelles Gericht.

ZUTATEN

Für vier Personen (eine Form von 24 cm Durchmesser):
Salziger Mürbteig:
200 g Mehl, 1/2 TL Salz
100 g Butter
1 Ei
Außerdem:
1 kg Rosenkohl
Salz
50 g Butter
1 TL Zucker
1 gute Prise Cayennepfeffer
Muskat
1 Händchen voll Pinienkerne
(wenn vorhanden)

1 Zuerst den Teig ansetzen, er muss nämlich unbedingt eine Stunde ruhen, damit er seine Elastizität verliert und schön mürbe wird: Mehl, Salz, Butter in Flöckchen und das Ei rasch zu einem Teig mischen (am besten mit den Händen, die sind schneller sauber als die Küchenmaschine). Zu einer Kugel formen, dann auf der Arbeitsfläche zu einem Fladen flach drücken und schließlich in einen Plastikbeutel packen. Kalt stellen.

Damit der Teig im Kühlschrank nicht austrocknet, in einen Gefrierbeutel packen und lose verschließen.

2 Inzwischen den Rosenkohl putzen, diesmal nur 3 Minuten in Salzwasser blanchieren und kalt abschrecken. In einer feuerfesten Backform, die einen geschlossenen Boden haben muss – keine Springform, die könnte die viele Butter nicht halten; es kann auch eine Pfanne mit feuerfestem Griff sein, – die Butter schmelzen, den Zucker darin karamellisieren, außerdem mit Cayennepfeffer und Muskat würzen. Die Rosenkohlköpfchen dicht an dicht nebeneinander, Rundung nach unten, Stiele nach oben, in die Form schichten. Pinienkerne dazwischen verteilen und 2 Minuten dünsten.

3 Unterdessen den Teig ausrollen, der Teigdeckel sollte ein wenig größer als der Durchmesser der Form sein. Auf die Rosenkohlröschen breiten, dabei rundum den Rand ein wenig nach unten stupfen – so entsteht ein kleiner Rand. Die Form jetzt in den auf 200 Grad vorgeheizten Ofen schieben und etwa 20 Minuten backen, bis der Teigdeckel goldbraun geworden ist.

4 Einige Minuten ruhen lassen, bevor die Tarte aus der Form gestürzt wird: einen Teller auflegen und die Form auf den Kopf stellen. Jetzt gleitet die Tarte leicht aus der Form und präsentiert die Rosenkohlköpfchen als Belag.

5 Dazu schmeckt ein Salat aus bunt gemischten Blättern oder auch aus Tomaten.

GETRÄNK

Ein sehr kräftiger, im Barrique (kleinen Holzfass) ausgebauter, trotzdem fruchtiger Wein wie ein Barbera d'Alba aus dem Piemont oder ein schwerer Rhône-Wein (Hermitage, Gigondas, Châteauneuf-du-Pape).

Sellerie

Sellerie – das doppelte Vergnügen

Die Wurzelknolle und die zarten Stangen

Sellerie kommt in zwei grundverschiedenen Erscheinungsformen in unsere Küche: Einmal die dicke, herzhafte Wurzelknolle, außen braun, innen cremig weiß. Dann die saftigen, fleischigen Stangen mit ihrem duftigen Blattgrün; auch diese kennt man in zweierlei Sorten, entweder völlig naturbelassen in ihrer eigenen hellgrünen Farbe oder aber gebleicht und dann ganz hell, fast schon gelblich. Stangen-, Bleich- oder Krautsellerie werden sie genannt, auch englischer Sellerie. Bei uns in Deutschland und auch in Österreich bevorzugt man die dicke Knolle, deren dunkles robustes Grün uns nur im Sommer zur Verfügung steht. Dieses wird gern blattweise, das Wurzelknollenfleisch in Form von mehr oder weniger dicken Schnitzen ins Suppengrün gebunden. In Frankreich, Italien und sogar im sonst kulinarisch nicht so verwöhnten England bevorzugt man die jungen, zarten Blätter, die nur der feinere Stangensellerie bietet. Natürlich war der Urvater beider Varianten dieselbe Pflanze. Einmal hat man bei der Züchtung mehr auf die Ausbildung der Wurzelknolle Wert gelegt, das andere Mal auf die zarte Fleischigkeit der Stiele oberhalb der Erde. Damit sie schön hell werden und zart bleiben, werden sie umwickelt und vor Sonnenlicht geschützt. Unseren Gärtnern ist das meist zu viel Mühe, deshalb ist der Stangensellerie aus hiesigen Landen eher grün, der gebleichte kommt aus Israel oder Spanien.

Sellerie: was alles drinsteckt

Sellerie soll herzstärkend wirken, Wissenschaftler haben jüngst Phtalide darin entdeckt, die Magen, Darm und Nerven beruhigen sollen. Potenzfördernde und aphrodisierende Wirkung haben sie indes nicht aufgespürt ... auch wenn man gerne singt: »Freu dich, Fritzchen, freu dich, morgen gibt's Selleriesalat!«, und Grimod de la Reyniere gewarnt hat, Sellerie sei keine Junggesellenspeise. Erwiesen allerdings sind jede Menge segensreicher Inhaltsstoffe: Kalium, Calcium, Magnesium und Eisen. Und im Knollensellerie findet man mehr Phosphor als in jedem anderen Gemüse, sogar fast dreimal mehr als im Stangensellerie. Dem ist er auch überlegen, was Vitamin C angeht, dafür hat dieser nur halb so viel Kalorien, was allerdings angesichts der geringen Menge keine Rolle spielt: 100 g Knolle liefern 44 Kalorien.

Tipps für den Einkauf

Wenn Sellerieknollen im Sommer ja ebenfalls mit ihrem Blattgrün verkauft werden, dann sollte man sie kühl und dunkel lagern und natürlich nicht wochenlang aufbewahren wollen, sondern wie jedes andere frische Wurzelgemüse, etwa Möhren und Rote Bete, innerhalb der Zeit verspeisen, in der das Blattgrün frisch bleibt. Zum Einlagern im Herbst wird von der Wurzelknolle der Blattschopf entfernt, dann nämlich kann man sie gut überwintern, natürlich im gut klimatisierten, nicht zu trockenen Keller. Richtig aufbewahrt reicht der Vorrat bis in den frühen Sommer, wenn wieder Sellerie aus der neuen Ernte zur Verfügung steht. Stangensellerie sollte so frisch wie möglich sein, in gebleichter

Form bleibt er übrigens länger knackig als ungebleicht. Die Fasern auf der Rückseite der Stiele bilden sich mit der Zeit stärker aus, die Stangen verlieren dann auch ihre Saftigkeit und werden müde.

In der Küche

Die Sellerieknolle muss zunächst einmal unter fließendem Wasser mit einer Wurzelbürste gereinigt werden: Vor allem, wenn man die Knollen frisch vom Gärtner bekommt, steckt noch jede Menge Sand und Erde zwischen den feinen Wurzelenden, die an der Unterseite sitzen. Bei den über den Winter gelagerten Knollen wurden diese bereits vor dem Einmieten (so nennt man es, wenn das Gemüse sachgerecht eingelagert wurde, im Allgemeinen mit Sand bedeckt, der dafür sorgt, dass das Gemüse nicht austrocknet) entfernt, dann braucht man die Knollen nur noch zu schälen, falls man sie nicht im Ganzen kocht. In diesem Fall nämlich schützt die Schale das weiße Fruchtfleisch vor dem Verfärben, die Knolle bleibt auch nach dem Kochen schön hell.
Damit der rohe Sellerie sich nach dem Schälen nicht verfärbt, reibt man ihn mit Zitronensaft ein oder lässt die Stücke in Zitronenwasser baden.
Zum Raffeln oder In-feine-Stifte-Schneiden braucht man einen anständigen Hobel mit gut geschärfter Klinge. Gute Raffeln kann man nachschärfen. Bestens sind natürlich auch die entsprechenden Einsätze der Küchenmaschine geeignet.
Stangensellerie ist im Prinzip problemlos vorzubereiten, hässliche, beschädigte Stellen an den äußeren Stangen werden großzügig ausgeschnitten, eventuell vorhandene Fäden abgezogen. Dann werden die Stangen je nach Rezept in feine Scheibchen geschnitten, in Stücken oder sogar im Ganzen belassen.

Richtig aufbewahren

Stangensellerie ist ein zartes Gemüse, das möglichst frisch gegessen werden sollte. Schließlich gehören dazu die Blätter, die man als Würzkraut nimmt, sie sollten natürlich frisch und duftig sein und nicht längst welk und müde. Man bewahrt die Staude deshalb am besten im Gemüsefach des Kühlschranks auf, aber nicht zu lange. Eingewickelt in ein stets feucht gehaltenes Tuch oder Zeitungspapier bleibt die Staude gut eine Woche frisch. Sollten trotzdem die Stangen weich wirken und nicht mehr straff, kann ein Bad in kaltem Wasser ihnen noch einmal zu Knackigkeit verhelfen. Die Knollen sind da robuster. Sie überstehen in einem guten Keller Monate, ohne dass man es ihnen anmerkt. Allerdings muss der Raum eine gewisse Luftfeuchtigkeit besitzen und natürlich kühl sein.

Salat aus zweierlei Sellerie mit kreuzkümmelduftenden Möhren

Früher gehörte auf jedes Party- oder Vorspeisenbuffet, das auf sich hielt, ein Selleriesalat à la Waldorf. Aber wie es so ist mit Klassikern: Im Laufe der Zeit werden sie verändert, mangels mancher Zutaten modifiziert, selten zu ihrem Vorteil, meist verschlimmbessert. Der gute alte Waldorfsalat (übrigens nach dem eleganten Hotel in New York so genannt) war einst eine großartige Sache. Aber dann hat man der Einfachheit halber den Sellerie blanchiert, weil er sich dann nicht so leicht verfärbt, man hat statt Äpfeln Mandarinen aus der Dose genommen und Fertigmayonnaise aus dem Glas ... Wir haben uns vom Ur-Rezept inspirieren lassen und die folgende Variante entwickelt. Ein schöner Vorspeisensalat, zu dem geröstetes Graubrot wunderbar passt.

ZUTATEN

Für vier bis sechs Personen:
1 schöne Sellerieknolle
1 Zitrone
1 Staude Bleichsellerie
1–2 säuerliche Äpfel (z.B. Glockenäpfel oder Boskoop)
50 g Walnusskerne
2 Möhren, Salz
1/2 TL gemahlener Kreuzkümmel, 1 EL Olivenöl
1–2 rote frische Chilischoten

Mayonnaise:
1 Eigelb, 1 gehäufter TL Senf
100 g Olivenöl
1 Schuss Brühe
Zitronensaft
Salz, Pfeffer
Zucker
Cayennepfeffer

1 Die Knolle schälen, auf einem Hobel in feine Streifen raspeln; sofort mit Zitronensaft beträufeln, damit sie schön weiß bleiben. Die Selleriestangen putzen, wenn nötig die Fäden an ihrer Außenseite abziehen. Quer in feine Scheibchen schneiden, die Blätter als würzendes Kraut beiseite legen. Die Äpfel vierteln, vom Kerngehäuse befreien, mit der Schale quer in Scheibchen hobeln. Die Walnüsse knacken und grob hacken.

2 Die Möhren mit dem Kartoffelschälmesser putzen, auf dem Streifenhobel ebenfalls in feine

Stifte schneiden, am besten längs, damit wirklich lange Streifen entstehen. Mit gemahlenem Kreuzkümmel, Salz und ganz wenig Olivenöl durchkneten. Das gibt ihnen einen verführerisch exotischen Duft, das Salz macht das Gemüse mürbe und das Öl entlockt ihm das nur in Fett lösliche Vitamin A.

3 Für die Marinade das Eigelb mit scharfem Senf und Olivenöl cremig schlagen, mit einem Schuss Brühe und Zitronensaft verdünnen. Mit Salz, Pfeffer und einer guten Prise Zucker, außerdem mit Cayennepfeffer herzhaft abschmecken. Mit dieser Sauce zuerst die Knollenselleriestreifen anmachen, erst, wenn sie überall davon überzogen sind, die gewürzten Möhren, die Apfel- und Bleichselleriescheibchen und schließlich die grob gehackten Walnüsse sowie die fein gewürfelte Chilischote untermischen.

TIPP

Dieser Salat ist allein ein hübsches Essen, er macht aber auch eine fabelhafte Figur als Begleitung: zum Wiener Schnitzel beispielsweise, zum kurzgebratenen Fleisch – Kalbs- oder Lammkotelett – und ganz einfach zur Boulette! Und er lässt sich abwandeln. Eine witzige, ebenso originelle wie wohlschmeckende Variante: Rote Bete statt der Möhren nehmen, und zwar die Hälfte der Knollen roh fein raspeln, die andere gekocht in feine Streifen hobeln. Und dann wie im Rezept beschrieben mit Äpfeln, Scheibchen von Stangensellerie und geraspeltem Knollensellerie mischen. Statt des exotischen Kreuzkümmels würde hier eher frisch geriebener Meerrettich als Gewürz passen. Und Vorsicht beim Anmachen: natürlich färbt die Rote Bete alles gnadenlos rot!

GETRÄNK

Ein trockener Weißwein aus der Pfalz. Oder auch ein nicht zu trockener, fülliger Sherry, ein Amontillado etwa oder ein Oloroso mit seinem nussigen Geschmack!

Thaiwürziger Salat aus gekochtem Sellerie

Für diesen Salat wird die Sellerieknolle ungeschält weich gekocht, dann bleibt das Fleisch besonders schön hell, außerdem lässt sich die weiche Knolle erheblich leichter schälen. Sie wird dann noch warm in Scheiben geschnitten und mit fein geschnittenem Zitronengras sowie thaiduftendem Zitronenblatt exotisch angemacht (gibt's im Asienladen). Besonders interessant: eine Marinade mit kostbarem Pistazienöl, das dem Salat ein wunderbar nussiges Aroma gibt. Man muss es in gut sortierten Delikatessläden suchen oder bei speziellen Feinkosthäusern bestellen (siehe Adressen im Anhang Seite 194).

ZUTATEN

Für vier Personen:
1 schöne Sellerieknolle
2–3 Schalotten
1 Zitronengrasstengel
2 Kaffirzitronenblätter
1–2 Chilischoten
3 EL Zitronensaft
Salz, Pfeffer
1/2 TL brauner Zucker
4 EL Pistazienöl
(falls Sie keines bekommen: auch Haselnuss- oder Walnussöl passt gut, selbstverständlich auch ein gutes Olivenöl)
Koriandergrün

1 Den Sellerie gründlich sauber bürsten, dann ungeschält und unzerteilt in Salzwasser zugedeckt weich kochen. Dabei genügt es, wenn im Topf drei Finger hoch das Wasser steht und die Knolle sozusagen vorwiegend

im Dampf gart. Je nach Größe der Wurzelknolle dauert es 30 bis 50 Minuten, bis sie weich ist. Im Dampfdrucktopf, der übrigens dafür besonders gut geeignet ist, geht es natürlich erheblich schneller: 10 bis 15 Minuten.

2 In der Zwischenzeit die Schalotten schälen und sehr fein würfeln. Zitronengras putzen: welke äußere Blätter entfernen, den Wurzelansatz abschneiden,

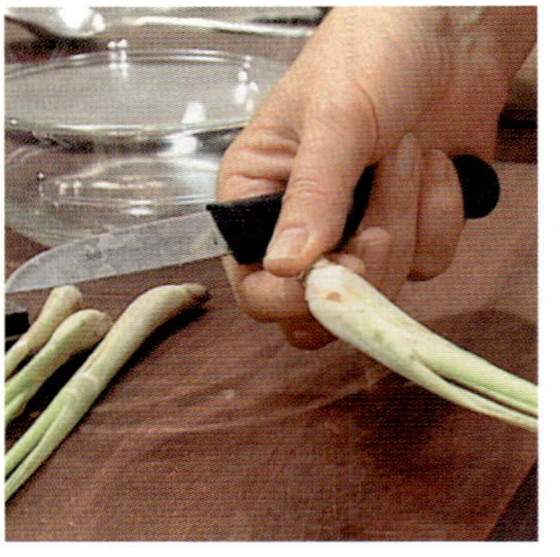

den Stengel vom Wurzelende her schräg in hauchfeine Scheibchen schneiden, bis das Messer eine gewisse Holzigkeit spürt – was dann noch vom Stiel übrig bleibt, lässt sich noch auskochen, entweder in einer Brühe als Gewürz mitziehen lassen oder als Tee (siehe Tipp).

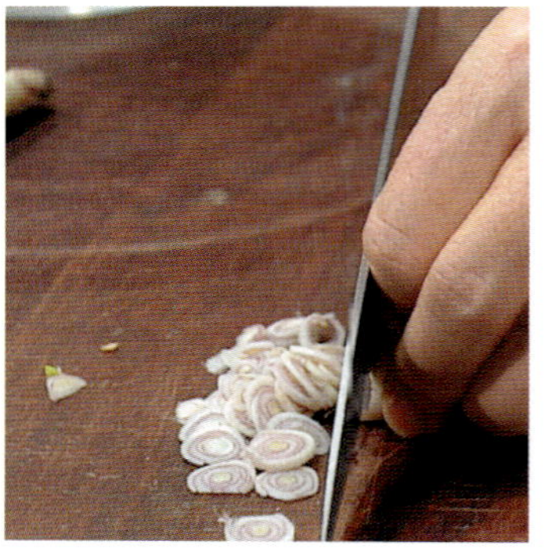

3 Den Zitronenblättern die dicke Blattrippe aus der Mitte entfernen, sie lässt sich ganz leicht herausziehen, wenn man die Blätter längs, entlang der Rippe, zusammenfaltet. Die Blätter selbst zusammenrollen und in haarfeine Streifen schneiden. Chilis nach Belieben entkernen und sehr fein würfeln.

4 Diese Würzzutaten in einer Schüssel mischen, Zitronensaft, Salz, Pfeffer, Zucker und Pistazienöl unterrühren und reichlich zerzupftes Koriandergrün darüber streuen.

5 Die heiße Sellerieknolle schälen, halbieren beziehungsweise vierteln, dann quer in nicht zu dünne Scheiben schneiden und behutsam untermischen. Nicht zu heftig umwenden, damit die Scheiben intakt bleiben. Noch lauwarm servieren.

TIPP

Aus den Abschnitten vom Zitronengras lässt sich ein erfrischender Tee kochen. Die Stücke klein schneiden, mit Wasser bedecken und etwa 5 Minuten köcheln. Nach Geschmack süßen, am besten mit braunem Zucker, und durch ein Sieb filtern. Nicht zu lange auf den Zitronengrasstücken stehen lassen, sonst wird der Tee bitter.

BEILAGE

Dazu passen gegrillte Garnelen, aber auch einfach warmes Knoblauchbrot.

GETRÄNK

Ein herzhafter trockener Muscat aus dem Elsass.

Zweierlei Sellerie im Sud mit Parmesan und pochiertem Ei

Auch hierfür zuerst eine schöne, große Sellerieknolle gründlich sauber bürsten und wie zuvor beschrieben weich kochen. Eine dicke Selleriestaude, längs geviertelt und quer halbiert, wird in portweingewürztem Geflügelfond auf ganz kleiner Flamme butterweich gekocht. Der in Scheiben geschnittene Knollensellerie darf zum Schluss noch 10 Minuten mit dem Sud beträufelt ziehen. Er soll sich wie die Stangen mit der duftenden Flüssigkeit voll saugen. Beides wird in tiefen Tellern angerichtet, mit Meersalz und Pfeffer gewürzt und schließlich mit hauchdünn gehobelten Parmesanflöckchen bestreut. Ein apartes Zwischengericht in einem feinen Menü! Natürlich auch ein ganzes Essen, vor allem, wenn man im Sud noch ein pochiertes Ei baden lässt. Pochieren ist wirklich ganz einfach – allerdings müssen die Eier frisch sein (siehe rechts).

ZUTATEN

Für vier Personen:
1 Sellerieknolle
1 schöne Selleriestaude (vorzugsweise Bleichsellerie)
1/2 l kräftige Geflügelbrühe
3 cl Portwein
Salz, Pfeffer, Muskat
frischer Parmesan am Stück zum Hobeln

1 Die gründlich geschrubbte Sellerieknolle in ihrer Schale weich kochen. Unterdessen die Selleriestaude putzen, längs und quer halbieren beziehungsweise sogar vierteln, wenn die Staude sehr dick und groß ist. Dabei darauf achten, dass die Stangen am Wurzelende möglichst noch zusammenhalten. In einem Topf mit Brühe bedeckt leise ca. 15 bis 20 Minuten köcheln, dabei den Sud mit Portwein, Salz, Pfeffer und frisch geriebener Muskatnuss würzen.

2 Sobald der Knollensellerie weich ist (er muss sich mit einem spitzen Messer leicht durchstechen lassen), schälen, in kleinfingerdicke Scheiben schneiden, sie halbieren oder sogar vierteln und zu den Selleriestangen in den Geflügelfond legen. Jetzt wird man womöglich alles in einen größeren Topf umbetten müssen, damit alles Platz hat und weiterhin von Brühe bedeckt ist. Beides weitere 10 Minuten pochieren.

3 Die Gemüse hübsch in tiefen Tellern anrichten, mit dünn gehobelten Parmesanflocken bestreuen (am besten gelingen die hauchdünnen Scheibchen auf dem Trüffelhobel) und mit Petersilienblättchen schmücken. Zum Schluss alles mit Sud beträufeln und heiß servieren.

Eier pochieren

Wer es einmal raus hat, wird merken: es ist ein Kinderspiel. Damit es immer klappt, sollte man jedoch ein paar Dinge dazu wissen. Dass die Eier frisch sein sollten, ist eine Binsenweisheit. Wer das Glück hat, das Legedatum zu kennen, kann sich merken: Erst nach fünf Tagen entwickelt ein Hühnerei sein richtiges Aroma.

Eier zum Pochieren sollten zwischen fünf und zehn Tage alt sein. Für die meisten Zwecke in der Küche kann man Eier auch danach noch mindestens eine gute Woche lang frisch nennen, sogar bis zu zehn Tagen. Natürlich sollten sie so lange im Kühlschrank oder im kühlen Vorratsraum aufbewahrt werden und keinen intensiven Gerüchen ausgesetzt sein. Durch die poröse Schale nehmen sie alle Düfte ihrer Umgebung auf! Danach kann man mit den Eiern immer noch backen oder kochen, zum Beispiel Saucen legieren oder Hackfleischteig binden.

Außerdem braucht man zum Pochieren einen hohen Topf, in dem die Eier viel Platz haben, um zu Boden zu sinken und wieder hochzusteigen. Pochiert wird in Wasser, das mit Essig gewürzt wird (ein guter Schuss auf 1/2 Liter Wasser), aber keinesfalls gesalzen. Salz macht das Eiweiß ledrig und zäh.

1 Das Wasser aufkochen, mit Essig würzen.

2 Die Eier einzeln aufschlagen, jeweils in eine Tasse geben, aus der Tasse ins aufwallende Wasser gleiten lassen. Mit einer Gabel sofort das im Wasser schwebende Eiweiß vorsichtig um das Eigelb wickeln. So entsteht die *poche*, die Tasche, die dem Vorgang seinen Namen gab.

3 Wer das Ei jetzt sofort servieren möchte, lässt es gut 2 bis 3 Minuten im nur leise siedenden Wasser ziehen. Hebt es dann mit einem Schaumlöffel heraus und setzt es auf den Teller.

4 Man kann es jedoch auch schon am Nachmittag vorbereiten und braucht am Abend das Ei nur noch erwärmen: Dann lässt man es nur knapp 2 Minuten im Pochierwasser, hebt es mit dem Schaumlöffel heraus und bettet es behutsam auf einen mit einer dreifachen Schicht Küchenpapier ausgelegten Teller. Kurz vor dem Servieren werden die Eier dann nur noch für wenige Sekunden im leise siedenden Wasser erwärmt – sie sind jetzt nicht mehr so diffizil zu handhaben und dennoch im Innern so flüssig, wie sie sich der Feinschmecker erträumt.

GETRÄNK

Dazu passt ein würziger trockener Muskateller, zum Beispiel vom Kaiserstuhl (oder auch wieder aus dem Elsass), ein leichter, ebenfalls trocken ausgebauter Traminer (Gewürztraminer) von der Nahe oder aus dem Rheingau, schließlich auch ein junger, nicht zu parfümierter Müller-Thurgau (Rivaner) aus allen deutschen Weinregionen.

Gefülltes Sellerieschnitzel

Hier haben wir uns noch einmal von einem Klassiker inspirieren lassen: Sie kennen Schnitzel Cordon Bleu, das mit Schinken und Käse gefüllte Kalbsschnitzel, das paniert und knusprig ausgebacken wird? Warum nicht so etwas mit Sellerie versuchen? Zwei dünne Scheiben vom gekochten Sellerie (ganz nach Belieben entweder im Ganzen gekocht und dann geschnitten oder auf der Aufschnittmaschine geschnitten und dann gekocht), dazwischen Schinken und Bergkäse, alles durch Ei gezogen, in Semmelbröseln gewendet und schließlich in Öl oder Butterschmalz schwimmend goldbraun ausgebacken. Sieht toll aus und schmeckt umwerfend. Dazu gibt's Tomatensalat!

ZUTATEN

Für vier Personen:

1 Sellerieknolle
je 4 Scheiben gekochter Schinken (nicht zu dünn!) und Bergkäse (nicht zu dick!)
1 Ei
Salz, Pfeffer, Muskat
100 g Semmelbrösel
Butterschmalz zum Ausbacken

1 Den Sellerie nach Belieben im Ganzen kochen und dann in Scheiben schneiden oder die rohen Scheiben in Salzwasser bissfest kochen. Am besten lassen sich übrigens absolut gleich starke Scheiben auf der Aufschnittmaschine erzielen – im rohen wie gekochten Zustand. Pro Person braucht man zwei Scheiben, falls es eine große Knolle ist, oder eben von allem doppelt so viel, wenn es sich um eine kleine Knolle handelt.

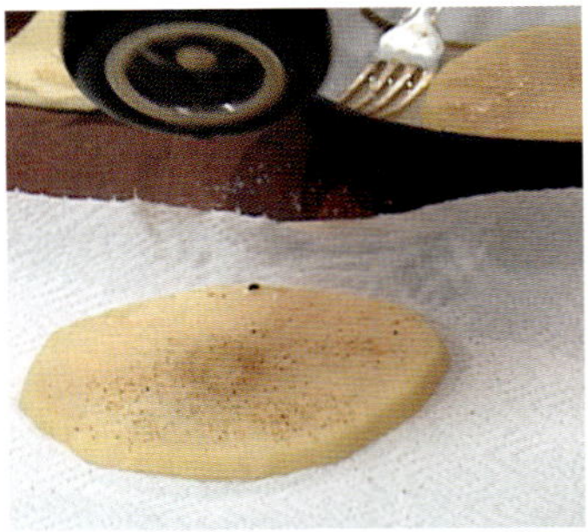

2 Die Scheiben werden mit Salz, Pfeffer, Muskat und Cayennepfeffer gewürzt. Vier davon werden mit möglichst genau passend zugeschnittenen Schinken- und Käsescheiben belegt und jeweils mit einer Selleriescheibe zugedeckt. Diese gefüllten Schnitzel dann panieren wie gewohnt: Zuerst in verquirltem Ei wenden (das zuvor ein wenig mit Salz, Pfeffer und Muskat gewürzt wurde), dann in Semmelbröseln, bis sie rundum davon gleichmäßig und dünn überzogen sind. Schließlich in reichlich heißem Butterschmalz langsam goldbraun backen.

3 Vor dem Servieren auf Küchenpapier abtropfen lassen. Zum Servieren schräg halbieren, damit das appetitliche Innenleben schön zur Geltung kommt.

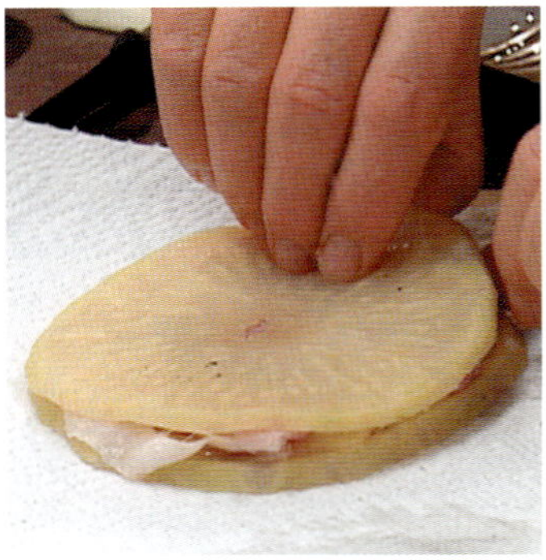

TIPP

Damit Paniertes leicht und knusprig und nicht schwer und mächtig gerät, gibt es ein paar Tricks, die man unbedingt beachten muss:
Man muss zügig arbeiten! Auf keinen Fall die Zutaten panieren und dann warten lassen, bis man sie endlich braucht. Sobald das Schnitzel (das gilt natürlich auch für ein normales Fleischschnitzel!) gewürzt und gefüllt ist, im verquirlten Ei wenden, dabei darauf achten, dass nur ein dünner Eifilm das Schnitzel überzieht. Deshalb gründlich abtropfen! Dann in Semmelbröseln wenden, ebenfalls rasch, und mit der flachen Hand die Brösel gut andrücken, sämtliche überschüssigen Brösel jedoch gründlich abschütteln, bis tatsächlich nur eine dünne Schicht das Schnitzel überzieht.
Und dann folgt das Wichtigste: Die Pfanne muss ausreichend groß sein, damit die Schnitzel nebeneinander schwimmen können. Das Öl (ein neutrales hoch erhitzbares Öl, zum Beispiel Erdnuss- oder Sonnenblumenöl, gut ist auch ein geschmacksintensives Olivenöl oder Butterschmalz geeignet) so weit erhitzen, dass ein Weißbrotwürfel, den Sie hineinwerfen, rasch appetitlich bräunt. Oder: Es bilden sich um einen Holzlöffelstiel, den Sie hineintauchen, rasch große Bläschen, die an ihm emporsteigen. Wer eine Friteuse besitzt: 180 bis 185 Grad sollte der Thermostat anzeigen, nicht mehr: ab 190 Grad entsteht das schädliche Acrylamid, wie man jüngst herausgefunden hat, ein Stoff, der sich auf stärkehaltigen Dingen bildet, wie in diesem Fall zum Beispiel auf Semmelbröseln. Das Öl also ausreichend erhitzen, und zwar so viel, dass es knapp zweifingerhoch den Pfannenboden bedeckt. Erst ein Schnitzel einlegen, in das nunmehr heftig aufrauschende Fett, das kräftige Bläschen rund um das Schnitzel bildet. Dann das zweite Schnitzel einlegen. Und jedes weitere, falls die Pfanne dafür Platz bietet, immer erst, wenn das Öl wieder die richtige Temperatur erreicht hat. Während des Backens immer wieder an der Pfanne rütteln, damit das Fett über die Oberfläche des Schnitzels schwappt. Dadurch wird die Panierung vom Fleisch beziehungsweise dem Sellerieschnitzel gelöst, sie wölbt sich wolkig über dem Schnitzel – es *souffliert*, sagt der Wiener zu diesem Vorgang, der paniertes Schnitzel erst zum Wiener Schnitzel macht.

BEILAGE

Dazu schmeckt besonders gut ein Tomatensalat – angemacht mit viel gehacktem Knoblauch, Petersilie und Olivenöl.

GETRÄNK

Ein kraftvoller Barbera d'Asti superiore, am liebsten im Barrique ausgebaut. Wir haben mit großem Genuss einen vom Weingut La Spinetta getrunken.

Selleriecremesuppe mit Petersilienpüree

So kann sogar noch aus den Abschnitten etwas Gutes entstehen, zum Beispiel, wenn man nur ein Teil der Knolle verwendet, für die Schnitzel etwa, für die man ja nur etwa gleich große Scheiben aus der Mitte verwenden kann. Es dürfen auch Abschnitte vom Bleichsellerie hinein – und falls Sie noch ein Stück Lauchstange übrig haben (nur das Weiße, wegen der Farbe), dann darf das auch hinein.

ZUTATEN

Für vier Personen:
ca. 500 g Sellerie (Knollensellerie, ruhig auch etwas Stangensellerie)
1 Zwiebel
2–3 Knoblauchzehen
1 Chilischote (frisch oder getrocknet)
2 EL Butter
1–2 Kartoffeln (ca. 100 g)
Salz, Pfeffer
3/4 l Wasser oder Gemüsebrühe
100 g Sahne
Zitronensaft
Worcestershiresauce

Petersilienpüree:
1 Strauß glatte Petersilie
1 Tasse Selleriesud
Salz
1 EL Butter

1. Das Gemüse putzen und in grobe Stücke schneiden. Zusammen mit gewürfelter Zwiebel, etwas Knoblauch und der Chilischote in der Butter andünsten. Die Kartoffeln grob würfeln und zufügen. Salzen, pfeffern, Wasser oder Brühe auffüllen, alles zugedeckt etwa 25 Minuten absolut weich kochen.

2. Alles durch eine Gemüsemühle passieren, in der Küchenmaschine oder mit dem Mixstab pürieren.

3. Sahne angießen und so viel Kochsud, bis die richtige, cremige Suppenkonsistenz erreicht ist. Etwa 10 Minuten leise köcheln. Schließlich die Suppe mit reichlich Zitronensaft und einem kleinen Spritzer Worcestershiresauce abschmecken.

4 Für das Petersilienpüree die Blätter abzupfen, mit der heißen Selleriebrühe im Mixbecher pürieren, dabei mit Salz und Butter würzen.

5 Die Suppe in tiefen Tellern anrichten, jeweils eine Linie, einen so genannten Faden, von Petersilienpüree hineinsetzen und mit einem Löffel verrühren, damit sich die beiden Farben dekorativ vermischen.

GETRÄNK

Ein milder Weißburgunder, der das erdige Aroma vom Sellerie unterstützt. Zum Beispiel aus dem Kraichgau oder aus Rheinhessen.

TIPP

Im Prinzip ist dieses Rezept für eine Gemüsecremesuppe ein Grundthema, das sich vielfältig variieren lässt. Mit jeglichem anderen Gemüse kann man etwas Ähnliches und trotzdem immer wieder Neues zaubern. Ob mit Möhren (siehe Seite 166 im Weihnachtsmenü), mit anderen Wurzeln wie Roten Beten, oder mit Blumenkohl, Broccoli, Romanescu – eine solche sanfte Suppe ist immer hochwillkommen. Und besonders hübsch wirkt sie natürlich durch die kontrastierenden Kleckse, aus einem Kräuterpüree oder auch mithilfe eines Pürees aus einem andersfarbigem Gemüse. Das ins Pink spielende Rot der Roten Bete wird aufgepeppt durch ein leuchtendes Grün von dunklen Sellerieblättern. Das zarte Weiß vom Blumenkohl wird belebt durch das helle Grün eines Broccolipürees. Natürlich muss man diese Gemüse getrennt weich kochen, eventuell sogar kalt abschrecken, damit sie ihre schöne Farbe behalten, und dann glatt mixen. Ein Stich Butter, mitgemixt, gibt nicht nur Geschmack, sondern auch Glanz!

Champignons

Champignons

Pilze, die jederzeit Saison haben!

Früher, als man die edlen weißköpfigen Pilze in der freien Wildbahn, auf Wiesen und an Waldsäumen suchen musste, waren sie selten und entsprechend kostbar. Bis man sie zu züchten lernte, galten Champignons als erlesene Delikatesse, als etwas Besonderes. Der römische Kaiser Nero nannte sie sogar cibus deorum: Götterspeise.

Heute sind diese Pilze einfach zu produzieren, deshalb stets und immer verfügbar. Und zwar zu wirklich günstigem Preis! Das Allerschönste: Gottlob schmecken Champignons weiterhin göttlich – anders als das sonst mit den edlen Delikatessen der Fall ist, die durch Züchterfleiß für jedermann verfügbar geworden sind. Grund genug also, sie ab und zu mal auf den Tisch zu bringen.

Von wild bis gezüchtet

Die wilden Champignons hießen übrigens bei uns Angerlinge (weil auf dem Anger, der Wiese also, gewachsen), auch Egerlinge, Feldlinge oder Gartenschwämme.

Weil sie über Frankreich in unsere Küche gelangten, in die feine, großbürgerliche versteht sich, nannte man sie champignon, was ja eigentlich kein Name, sondern ein Gattungsbegriff ist. Merke: Champignons sind immer Pilze, aber nicht alle Pilze sind Champignons ...

Man unterscheidet drei Sorten

Die bei uns üblichen weißen Champignons wurden aus dem Wiesenegerling gezüchtet. Beim Einkaufen sollte man also darauf achten, dass sie tatsächlich schneeweiß sind. Dann ist ihr Fleisch fest, die Hüte sind noch geschlossen, ein dünnes Häutchen überzieht oft den Fuß. Je älter die Pilze sind, desto weicher werden sie, sie recken sich, das Häutchen verschwindet, der Hut entfaltet sich und bildet geradezu einen Schirm – solche Pilze im Laden lieber gleich liegen lassen, sie sind braun und schwammig, werden bald leicht schmierig und sie schmecken nicht mehr gut. Allerdings sollte man genau hinschauen: Man darf sie nicht mit den dunkelhäutigen Geschwistern der Champignons verwechseln, den bräunlichen Steinchampignons (auch fälschlich Steinpilz-Champignon genannt), die aus dem Waldchampignon oder Waldegerling gezüchtet wurden. Sie nennt man in Süddeutschland Egerling: Diese schmecken sogar kräftiger und intensiver als die feinen, weißen Kollegen, aber nur, wenn sie frisch sind, also

sich fest anfühlen und einen geschlossenen Kopf haben! Am allerfeinsten sind die sehr festfleischigen, leicht rosa schimmernden »Champignons de Paris«, deren Urvorbild einst die würzigen Anisegerlinge waren. Man bekommt sie jedoch bei uns leider nur selten – wenn Sie also Champignons sehen sollten, die einen rosa Schimmer aufweisen, dann unbedingt zugreifen!

Wie man Champignons aufbewahrt

Nach dem Einkauf breitet man die Pilze am besten lose ins Gemüsefach und bedeckt sie mit einem Küchenpapierblatt oder einem trockenen Tuch, um sie vor dem Austrocknen zu schützen. So bleiben sie bis zu drei, vier Tage knackig frisch. Danach allerdings verlieren sie ihre schöne Festigkeit und werden müde, dabei verfärben sie sich immer mehr ins Bräunliche. Aber sollten Sie die Pilze doch einmal im Gemüsefach vergessen haben, ist das nicht schlimm: Erstaunlicherweise entwickeln sie in diesem Zustand eine besonders intensive Würze.

Man kann sie als Gewürz in den Suppentopf werfen. Oder eine fabelhafte Pilzpaste (siehe Rezept) daraus machen.

In der Küche

Pilze zu putzen ist bei den frischen, knackigen Exemplaren absolut keine Mühe, es geht blitzschnell: Es wird allenfalls am Fuß ein dünnes Scheibchen abgeschnitten, ansonsten, falls vorhanden, anhaftende Erde abgewischt. Praktisch ist dafür ein spezielles Pilzbürstchen mit besonders weichen Borsten. Oder man nimmt einfach Küchenpapier. Nur wenn wirklich nötig, werden die Pilze in einem Sieb unter fließendem Wasser abgebraust. Nicht umsonst heißen Pilze auch »Schwammerl«, sie saugen Wasser auf wie ein Schwamm, und wir wollen schließlich unsere Saucen nicht verwässern. Deshalb also Pilze niemals in Wasser liegen lassen.

Pilze in Scheibchen schneiden

Für hauchfeine Scheiben eignet sich der Trüffelhobel. Etwas dickere Scheiben produziert der Gurkenhobel. Exakt gleich starke Scheiben erzielt man mit dem Eierschneider. Allerdings: Das klappt nur mit einem guten, stabilen Gerät und wirklich frischen Pilzen, die richtig fest sind; sobald sie weich geworden sind, dringen die Schneidedrähte nicht mehr so einfach ein und können sogar reißen. Auch praktisch: Die Pilze auf der Aufschnittmaschine dünn aufschneiden.

Pilze putzen

Wattig-weiche Stiele sollte man für die meisten Zubereitungen entfernen und nur die festen, knackigen Köpfe verwenden. Natürlich werden sie nicht weggeworfen, sondern im Suppentopf ausgekocht. Sie geben der Brühe intensive Würze!
Früher hat man übrigens in der feinen Küche die Pilzköpfe tourniert; so sagt man in der Küchensprache, wenn man die Haut von den Pilzköpfen abgezogen hat, damit sie noch strahlender weiß wirken, und zusätzlich die Köpfe eingekerbt, so dass sie wie ziseliert aussehen. Eine immense Arbeit, nur für die Optik! Ganze Generationen von Küchenjungen mussten sich damit abplagen. Heute verzichtet man eigentlich überall weise auf solche Schnitzkunst.

Champignonsalat

Dafür möglichst gleich große Pilzköpfe aussuchen, frisch und knackig, die man schön in gleichmäßig dünne Scheiben hobeln kann. Gut geeignet ist dafür der Trüffelhobel, der mit seinem extra scharfen Messer die Pilzköpfe tatsächlich in hauchfeine Scheibchen schneidet und nicht einreißt. Die Scheiben werden sofort mit Zitronensaft beträufelt, damit sie sich nicht verfärben!

ZUTATEN

Für vier Personen:
300 g knackfrische Champignons
Zitronensaft
Salz, Pfeffer (am besten beides aus der Mühle, siehe Tipp)
2–4 Knoblauchzehen
3 EL aromatisches Olivenöl
1 rote Zwiebel, Petersilie

Die Pilze putzen, dann in exakte feine Scheibchen hobeln und in der Schüssel sofort mit Zitronensaft mischen. Mit Salz und Pfeffer aus der Mühle würzen. Zwiebel und Knoblauch schälen, ebenfalls auf dem Trüffelhobel in hauchfeine Scheibchen schneiden und über den Pilzen verteilen. Schließlich allerbestes Olivenöl über alles träufeln und gehackte Petersilie darüber verstreuen. Erst am Tisch umwenden, damit die Pilze nicht zu viel Saft abgeben – fertig ist eine ebenso elegante wie schnelle Vorspeise. Dazu frisches Weißbrot reichen, knusprig und noch warm vom Aufbacken.

TIPP

Das grobe, ungereinigte Meersalz, das würziger schmeckt als unser übliches Steinsalz, ist für einen solchen zarten Salat zu grob. Deshalb sollte man es zerkleinern, entweder im Mörser – ruhig zusammen mit dem Pfeffer, der so zerkleinert ebenfalls mehr Aroma entwickelt – oder in einer speziellen Mühle. Man kann übrigens nicht einfach eine Pfeffermühle zweckentfremden. Salz ist sehr aggressiv und greift das Metall der Mühle an. Deshalb sind Salzmühlen mit einem Mahlwerk aus Edelstahl oder Plastik ausgerüstet.

GETRÄNK

Ein herzhafter Sauvignon Blanc oder ein Grüner Veltliner aus Österreich, vorzugsweise aus den Regionen Kamptal oder Donauland.

Rahmchampignons mit Semmelknödelchen

Man beginnt am besten mit den Semmelknödelchen, für die man altbackene Semmeln braucht. Der Teig muss nämlich eine Zeit lang durchziehen, nur so werden die Knödel duftig und locker. In Süddeutschland kann man so genanntes Knödelbrot schon fertig kaufen: altbackene Semmeln in feinen Scheiben oder kleinen Würfeln. Anderswo muss man es sich selber herstellen. Dafür sind zwei Tage alte Brötchen am besten geeignet. Sie krümeln übrigens weniger, wenn man ein Sägemesser zum Schneiden nimmt. Und: die Scheiben möglichst dünn schneiden!

ZUTATEN

Für vier Personen:

Semmelknödelchen:

200 g Knödelbrot
(oder 4 altbackene Semmeln in dünnen Scheiben)
ca. 100 g Milch
Salz, Pfeffer, Muskat
1 Zwiebel, 2 EL Butter
2 Eier, 1 Bund Petersilie

Rahmchampignons:

1 Zwiebel, 2 EL Butter
2 Knoblauchzehen
1 kleine Chilischote
750 g Champignons
Zitronensaft
Salz, Pfeffer
3 Petersilienstengel
200 g Sahne

1 Das Knödelbrot in einer Schüssel mit kochender Milch benetzen und einweichen. Nicht alles auf einmal hineinschütten – wie viel man braucht hängt davon ab, wie trocken das Knödelbrot ist! Auf keinen Fall die Masse durchkneten, sondern langsam durchfeuchten lassen, sie soll locker bleiben!

2 Wichtig ist auch, heiße, tatsächlich kochende Milch zu nehmen, damit das Brot gleichmäßig durchweichen kann! Die Masse mit Salz, Pfeffer und Muskat würzen. Die in Butter gedünstete, fein gewürfelte Zwiebel zufügen, ebenso die Eier und fein gehackte Petersilie. Mit den Händen gründlich, aber auf keinen Fall zu heftig mischen, der Knödelteig darf nicht matschig werden! Eine halbe Stunde ruhen und durchziehen lassen.

3 Mit angefeuchteten Händen kleine (tischtennisballgroße!) Knödelchen formen. In leise siedendem Wasser ca. 8 bis 10 Minuten gar ziehen lassen. Wenn sie oben schwimmen, sind sie gar.

4 Deshalb einen eher flachen, aber breiten Topf dafür nehmen, damit die Knödelchen nebeneinander Platz an der Oberfläche haben.

5 Für das Pilzragout die Zwiebel fein würfeln und in der heißen Butter andünsten. Den Knoblauch durch die Presse hinzudrücken, die Chilischote sehr fein gehackt oder, falls es eine getrocknete Schote ist, zwischen den Fingerspitzen zerkrümelt zugeben.

6 Schließlich die blättrig geschnittenen Pilze zufügen. Nur wenige Minuten dünsten, bis sie ihren Saft abgeben. Dann die Sahne angießen. Mit Salz und Pfeffer würzen, 2 Minuten heftig kochen, damit sich der Pilzsaft und die Sahne gut verbinden. Zum Schluss die sehr fein

TIPP

Was von den Knödeln übrig bleibt, wird als Salat serviert: Die kalten Knödel in sehr feine Scheiben schneiden und auf einer Platte oder auf Tellern dachziegelartig hübsch anrichten. Eine oder zwei Zwiebeln in Ringe hobeln und darüber verteilen. Mit einer Vinaigrette und reichlich Schnittlauch anmachen.

gehackte Petersilie unterrühren und das Ragout nochmal abschmecken.

7 Das Ragout in tiefen Tellern anrichten, jeweils ein bis zwei Knödelchen in die Mitte setzen; gegessen wird mit dem Löffel, eine Gabel in der linken Hand hilft, den Knödel Bissen für Bissen zu zerkleinern.

GETRÄNK

Ein vollmundiger Grüner Veltliner aus der Wachau. Wir haben einen Smaragd aus Unterloiben dazu getrunken, welcher der Pikanz des Gerichts ebenso wie der Sahnesauce gut Widerpart bieten konnte.

Champignon-Tarte

Eine schöne Idee, auch weil sich eine solche Tarte fabelhaft vorbereiten lässt. Man kann sie am Morgen oder sogar am Vortag fast fertig backen und schiebt sie nur noch in den Ofen, bis sie wieder heiß und knusprig ist, sobald die Gäste da sind. Mit einem Salat ein hübscher Imbiss, in kleine Tortenstücke oder auch in Quadrate geschnitten übrigens auch ein fabelhafter Happen zum Aus-der-Hand-Essen.

ZUTATEN

Für vier Personen:

Mürbteig:

200 g Mehl, 100 g Butter
1 Eigelb, 1/2 TL Salz

Belag:

750 g Champignons
1 Zwiebel, 2 EL Butter
Salz, Pfeffer
2 Eier, 200 g Sahne
75 g frisch geriebener Parmesan
Cayennepfeffer
Muskat
3 Stengel Petersilie

1 Der Mürbteig ist schnell gemacht: Mehl, Butter in Würfeln, Eigelb und Salz rasch mit den Händen zusammenkneten. Nicht zu lange, damit sich der Teig durch die Handwärme nicht zu sehr erwärmt. Schließlich zu einem flachen, runden Fladen formen und in einen großen Gefrierbeutel stecken. Im Kühlschrank eine halbe Stunde ruhen lassen, bevor er gebacken wird, damit sich der Kleber des Mehls entwickeln kann.

2 In der Zwischenzeit die Pilze putzen, in Scheibchen schneiden. Die Zwiebel fein würfeln und in einer großen, tiefen Pfanne in der heißen Butter andünsten. Die Pilze zufügen und so lange dünsten, bis der Saft, den sie abgeben, wieder verkocht ist. Gleich zu Beginn jedoch salzen und pfeffern. Schließlich die gehackte Petersilie unterrühren und die Pfanne beiseite stellen.

3 Eine Springform mit dem Teig auskleiden. Dafür braucht man den Fladen in seinem Gefrierbeutel nur noch mit dem Nudelholz auf die entsprechende Größe auszurollen (deshalb unbedingt einen ausreichend großen Beutel nehmen!). Den Beutel aufschlitzen, den Teigboden in die ausgefettete Form stürzen. Die Plastikfolie abziehen, den Teig rundum, vor allem den Rand hoch, festdrücken.

4 Für den Guss Ei und Sahne verquirlen, mit Salz, Pfeffer, Cayennepfeffer und Muskat würzen. Den Käse einrühren, zum Schluss die gedünsteten, etwas abgekühl-

ten Pilze unterrühren. Auf dem Teigboden verteilen. Bei 200 Grad mit viel Unterhitze, also auf der untersten Schiene, ruhig auch mit Umluft etwa 35 Minuten backen, bis der Boden knusprig und der Belag gestockt ist.

TIPP

Gleich eine doppelte Teigmenge zubereiten, die zweite Teigplatte bis zur nächsten Verwendung einfrieren. Wenn die Teigplatte schön dünn ist, dauert es nicht lange, bis sie aufgetaut ist und verarbeitet werden kann. Man kann übrigens auch wunderbar die fertige Tarte einfrieren. Gleich nach dem Abkühlen, am besten in der Form. Zum Auftauen einfach so lange aufbacken, bis alles wieder warm ist und duftet.

GETRÄNK

Dazu passt übrigens hervorragend ein Weißburgunder aus Franken oder vom Kaiserstuhl.

Champignonpaste

Dafür sollten die Pilze tatsächlich nicht mehr frisch sein, dürfen sogar schon richtig müde wirken. Eine solche Pilzcreme kann man im Schraubglas im Kühlschrank gut eine Woche frisch halten. Ein Löffel davon gibt Sahnesaucen mehr Aroma, würzt Suppen und Eintöpfe, kann Basis für eine wunderbare Pilzcremesuppe oder ein Sugo für Pasta sein. Wer die Pilzpaste länger aufbewahren möchte, friert sie ein – am besten in der Eiswürfelschale: das ist gleich die richtige Portion – oder sterilisiert sie in kleinen Gläschen.

ZUTATEN

Für ca. 1/2 Liter:
1 kg Champignons
1 große oder
2 kleine Zwiebeln
2 EL Butter
3 Knoblauchzehen
Salz, Pfeffer
3–4 EL Olivenöl

1. Die Pilze putzen, wenn nötig waschen, gut abtropfen und schließlich vierteln oder sonstwie klein schneiden. Die Zwiebel(n) schälen, fein würfeln und in der heißen Butter weich dünsten. Kurz bevor sie Farbe zu nehmen drohen, den gehackten Knoblauch unterrühren.

2. Die Pilze schließlich zufügen und zugedeckt etwa 10 Minuten mitdünsten. Salzen und pfeffern. Sollte dabei sehr viel Saft austreten, ohne Deckel etwas einkochen.

3. Die Pilze in einem starken Mixer zur absolut glatten Paste mixen, dabei gegen Ende das Öl langsam hinzufließen lassen. Abschmecken!

Sterilisieren

Pilze enthalten viel Eiweiß, deshalb müssen sie komplett durcherhitzt sein, wenn man sie im Einmachglas aufbewahren möchte. Die fertige Pilzpaste in möglichst kleine Gläschen abfüllen, ideal sind 100 Gramm Inhalt, damit man das geöffnete Gläschen möglichst schnell aufbrauchen kann. Nur wer öfter einmacht, wird sich einen speziellen Topf dafür kaufen. In einem solchen Einmachautomat, der meist 25 bis 30 Liter Inhalt hat und eine ganze Menge Einmachgläschen aufnimmt, kann man die entsprechende Temperatur und Dauer exakt einstellen, alles übrige erledigt das Gerät. Ansonsten kann man aber auch sowohl in der Mikrowelle (kleine Mengen), in einem völlig normalen Topf oder auch im Backofen sterilisieren.
Die Gläschen müssen gut verschlossen sein. Damit der Schraubdeckel gut schließt, muss man den Rand zuvor sorgsam sauber wischen.

• Backofen: Die Gläschen nebeneinander in eine tiefe Bratenform setzen und so viel heißes Wasser angießen, bis die Gläschen knapp mit der Deckeloberfläche herausschauen. Dann bei 200 Grad etwa 45 Minuten sterilisieren.
• Mikrowelle: Sicherheitshalber die Gläser einzeln bearbeiten. Selbst wer Erfahrung damit hat, sollte trotzdem nie mehr als zwei, drei Gläser auf einmal in die Mikrowelle stellen. Je mehr Gläser drin sind, desto länger die nötige Zeit. Auf höchster Stufe pro 100-Gramm-Glas mit 3–4 Minuten rechnen.
• Im Kochtopf: Die Gläser ruhig auch übereinander hineinstellen, sie sollten im Wasser eintauchen. Nach dem Aufkochen 40 Minuten rechnen, bei größeren Gläsern noch länger!

Zwei Vorschläge für die Anwendung:

Spaghetti mit Pilzsauce

Pro Person 2 Esslöffel Pilzpaste mit heißen, tropfnassen Spaghetti mischen, dabei geriebenen Käse, gehackte Petersilie und einen kleinen Stich Butter untermischen – im Handumdrehen ist Einsiedlers Pastagericht fertig!

Pilzcremesuppe

Dafür die Pilzpaste mit Brühe und Sahne auf die gewünschte Konsistenz bringen, eine Minute heftig kochen, damit sich beides gut vermischt, geradezu emulgiert. Die Cremesuppe abschmecken und heiß servieren. Als Einlage: knusprige Croûtons, die in fein gehackter Petersilie gewendet wurden.

TIPP

Falls man nicht auf einmal das ganze Gläschen leeren kann, den Inhalt, der sich am Glasrand verteilt hat, abwischen, so dass über der restlichen Pilzpaste das Glas ganz sauber ist. Die Oberfläche der Pilzcreme mit Öl bedecken. Es darf nichts davon über den Ölfilm hinausschauen. Nur solange er jeden Luftkontakt abhält, bleibt die Creme im Kühlschrank frisch. Trotzdem sollte man sie spätestens nach einigen Tagen restlos aufbrauchen. Wenn Sie Olivenöl dafür nehmen, denken Sie daran, dass es in der Kälte ausflockt. Wenn dann also die Ölschicht grießelig aussieht, ist das dennoch in Ordnung. Das verliert sich, sobald das Gläschen wieder Zimmertemperatur hat.

GETRÄNK

Zu Spaghetti mit Pilzsauce wie auch zur Pilzcremesuppe passt ein gehaltvoller, aber sanfter Weißwein, zum Beispiel ein Weißburgunder vom Kaiserstuhl oder aus der Pfalz.

Gefüllte Pilzköpfe

Manchmal findet man sehr große Exemplare unter den Champignons, bis zu handtellergroß. Sie ergeben eine originelle Unterlage für ein kleines Gratin: zum Beispiel mit fein gehacktem Gemüse gefüllt (Spinat, Möhren, Zucchini – was gerade da ist). Und wer nicht vollständig auf Fleisch verzichten will, fügt gewürfeltes Hähnchenfleisch oder Schinken hinzu. Die Masse wird herzhaft gewürzt, mit Ei gebunden, geriebener Käse gibt Geschmack: In die Hüte füllen, schön aufhäufen und festdrücken. In einer Gratinform im Ofen backen, bis alles brodelt. Dazu schmeckt ein sahniges Kartoffelpüree.

ZUTATEN

Für vier Personen:
8 Riesenchampignons
1 Zwiebel
2 Knoblauchzehen
1 Möhre
1 dünne Lauchstange
2 Selleriestengel
1 rote Paprikaschote
1 kleiner Zucchino
3 EL Olivenöl
Salz, Pfeffer
100 g Bulgur oder Weizenschrot
ca. 1/4 l Brühe
100 g geriebener Parmesan
30 g Butter für Flöckchen

1 Die Pilze putzen, die Stiele herausschneiden. Diese und alle anderen Gemüse möglichst gleichmäßig fein hacken.

2 Zuerst die Zwiebeln und den Knoblauch im heißen Öl sanft andünsten und gut verrühren, bis alles von einem Ölfilm überzogen glänzt. Dann erst die weiteren Gemüse in der Reihenfolge ihrer Garzeit in den Topf geben: Möhre, das Weiße vom Lauch, Sellerie, Selleriestangen, Paprika, Zucchini.

3 Auf mildem Feuer etwa 2 Minuten dünsten, dabei salzen und pfeffern und gelegentlich umrühren. Schließlich den Bulgur unterrühren.

4 Erst jetzt etwa die Hälfte der Brühe angießen, sie darf die Zutaten nur sehr knapp bedecken. Aufkochen, dann auf kleinem Feuer zugedeckt etwa 10 Minuten ausquellen lassen. Jetzt sollte die Flüssigkeit aufgesogen sein.

5 Das Bulgurgemüse mit einer Gabel auflockern.

6 Den Käse unterrühren. Die Füllung sehr herzhaft abschmecken. Gerecht in die Pilzhüte verteilen, schön aufhäufen und ein bisschen festdrücken.

7 Die gefüllten Pilzhüte nebeneinander in eine feuerfeste Form setzen. Mit Butterflöckchen belegen und den Boden der Form knapp fingerhoch mit der restlichen Brühe bedecken. Im 220 Grad heißen Ofen etwa 20 bis 25 Minuten backen, bis die Pilzhüte gar sind.

TIPP

Die Füllung ist übrigens unglaublich vielseitig. Man kann sie in blanchierte Blätter wickeln (Wirsing, Mangold, Spinat) und wie die Pilzhüte sanft schmoren. Sie wirkt auch appetitlich in einen Strudelteig gewickelt. Selbst allein ist sie eine ganze kleine Mahlzeit, mit einem Salat dazu erst recht.

GETRÄNK

Ein junger Spätburgunder, der mit seiner fruchtigen Frische das knackig gedünstete Gemüse gut aushalten kann, zum Beispiel von der Ahr.

Spinat

Vom Kinderschreck zum Küchenstar: Spinat

Inbegriff des Frühlings!

Spinat ist das Frühlingsgemüse schlechthin, jung, frisch, knackig und grün – genau das, was man im Frühling braucht, wenn alles in einem nach Frischem, nach Farbe und nach Vitaminen lechzt. Wir persönlich bevorzugen den festen Freilandspinat, auch Wurzelspinat genannt, weil die ganzen Pflänzchen geerntet werden und nicht nur die Blätter. Er ist herzhaft, schmeckt kräftig und eindeutig. Den ach so zarten Treibhausspinat finden wir langweilig, und Spinat aus der industriellen Tiefkühlpackung kommt uns gar nicht erst in die Küche!

Spinat – woher er kommt, was in ihm steckt

Seine Heimat ist Persien, von dort hat sich der Spinat erst nach Osten über Indien bis nach China ausgebreitet. Nach Europa gelangte er mit den Arabern: zuerst nach Spanien, dann nach Frankreich und Italien und schließlich auch in unsere unwirtlichen Breiten. Man schätzt also Spinat sozusagen rund um den Erdball, er ist in allen Küchen zu Hause. Kein Wunder, denn er ist vielseitig, wohlschmeckend und gesund! Es stecken lauter gesundheitsfördernde Inhaltsstoffe in den grünen Blättern, vor allem eine Menge Kalium, aber auch Calcium, Magnesium und Phosphor. Nur die Sache mit dem Eisen stimmt nicht: Generationen von Kleinkindern wurden ja bekanntlich damit gequält, dass sie Spinatbrei im Übermaß essen sollten – grün gesprenkelte Küchen- und Esszimmerdecken zeugten davon –, weil Spinat angeblich so unerhört viel Eisen enthält. Gottseidank wurde dann irgendwann entdeckt, dass da ein Komma an der falschen Stelle saß, und endlich konnte man ein entspanntes Verhältnis zu dem fabelhaften Gemüse entwickeln. Bei uns hat man früher den Spinat immer gehackt oder durch den Wolf gedreht, vermutlich weil man zu faul war, die dicken Stiele zu entfernen. Erst als man auf Reisen nach Italien entdeckte, dass Spinat ganz wunderbar schmeckt, wenn man die Blätter ganz lässt, hat man auch bei uns endlich den Blattspinat entdeckt, der fast schon dem herrlichen pürierten Spinat aus dem Kinderzimmer den Rang abläuft. Wir finden: Beides hat seinen Reiz!

Beim Einkauf

Frischen Spinat gibt es eigentlich nahezu rund ums Jahr auf dem Markt. Wenn er nicht von hiesigen Gärtnern stammt, wird er aus Spanien oder Italien eingeführt.

Es versteht sich, dass die Blätter frisch aussehen müssen, wenn Sie einkaufen, kraftvoll, strotzend, knackig. Welke Blätter lässt man natürlich liegen. Leider geschieht es häufig, dass unsensible Marktfrauen die Blätter derb anfassen und mit roher Gewalt in eine meist viel zu enge Tüte stopfen. Ihnen sollte man gleich Einhalt gebieten und um pfleglichere Behandlung bitten. Geknickte und zerdrückte Blätter sind schon welk, bis Sie nach Hause kommen. Die sperrigen Blätter brauchen Platz, die Menge, die Sie einkaufen, lieber in zwei Tüten oder besser in einem großen Korb verstauen.

In der Küche

Zu Hause angekommen, packen Sie das Gemüse am besten sofort in den Kühlschrank oder Keller. Die Blätter sollten mit einem großen angefeuchteten Tuch abgedeckt werden, dann bleiben sie länger frisch.

Bevor man sich überhaupt an die Zubereitung macht, muss Spinat gründlich gewaschen werden, und zwar unbedingt mehrmals, in immer wieder frischem Wasser, denn in den Blattfalten verstecken sich gern Sand und Erde, dann knirscht's beim Essen und das soll nicht gut für die Zähne sein ...
Für die meisten Zubereitungen muss Spinat blanchiert werden.

Also für einen Augenblick in aufwallendes Salzwasser getunkt, anschließend herausgehoben, abgetropft und in Eiswasser abgeschreckt ... Das stabilisiert die Vitamine und die Farbe und macht die sperrigen Blätter etwas handlicher. Wenn der Spinat durchgekühlt ist, kann man ihn portionsweise herausfischen, so

viel, wie in eine gebeugte Hand passt, behutsam ein wenig ausdrücken und zu einer Boulette formen. Wenn man dieses Bällchen jetzt noch in ein großes Spinatblatt einwickelt, hat man eine bildschöne Gemüsebeilage: sie braucht nur noch erwärmt zu werden (Mikrowelle oder in etwas Olivenöl in der Pfanne), mit etwas Olivenöl beträufelt und nach Belieben mit Salz, Pfeffer und Muskat gewürzt. Wir behandeln auf diese Weise stets den Spinat aus unserem Garten, die kleinen Spinatbällchen lassen sich wunderbar einfrieren. Und so haben wir auch in der kalten Jahreszeit allerbesten, sozusagen gartenfrischen Spinat im Haus! Man kann den Spinat so auch prima ein, zwei Tage im Kühlschrank aufbewahren, bevor man ihn nach einem unserer Rezepte verarbeitet.

Spinat-Kartoffelsalat

Wenn man die Blätter als Salat verspeisen will, bleiben sie natürlich roh. Am besten eignen sich dann die kleinen, festen Herzblätter. Die dunkleren und robusteren Blätter von außen kann man ja anderweitig verarbeiten.

ZUTATEN

Für vier Personen:
800 g mittelgroße fest kochende Kartoffeln
1 weiße oder rote Zwiebel
2–3 Knoblauchzehen
Saft von 1 Zitrone
3–4 EL erstklassiges Olivenöl (extra vergine)
250 g feste Herzblättchen vom Wurzelspinat (geputzt gewogen)

TIPP

Den Salat sehr schnell anmachen, die Kartoffeln sollten noch gut warm sein, wenn sie die Marinade aufnehmen und durch ihre Wärme die steifen Spinatblätter weicher machen sollen.

1. Die Kartoffeln in der Schale weich kochen, abgießen und nur ganz kurz abkühlen lassen – nur so weit, dass man sie anfassen kann. In der Zwischenzeit Zwiebel und Knoblauch sehr fein würfeln, mit Zitronensaft und Olivenöl sowie Salz und Pfeffer in einer Salatschüssel verquirlen.

2. Die in dünne Scheibchen geschnittenen Kartoffeln zufügen und behutsam untermischen – nicht zu heftig umwenden, damit die Kartoffelscheiben nicht zu sehr zerfallen. Erst wenn sich alles schön saftig verbunden hat – ist der Salat zu trocken, eventuell mit einem Schuss heißer Brühe verdünnen – die Spinatblätter untermischen und sofort servieren.

Pasta mit Spinat

Ein fabelhaftes Blitzrezept, das im Handumdrehn fertig ist: Die Kochzeit der Spaghetti ist die Maßeinheit. Sobald die Pasta gar ist, muss auch alles Übrige fertig sein.

1 Die Spaghetti in reichlich kochendem Salzwasser nach Packungsaufschrift bissfest garen. Inzwischen Zwiebel und Knoblauch fein würfeln und in einer Pfanne im heißen Olivenöl andünsten, gehackte Chili und Pinienkerne kurz mitschwenken. Den blanchierten, lose auseinander gezupften Spinat zufügen, salzen und pfeffern.

2 Die Spaghetti tropfnass untermischen, dabei großzügig, beziehungsweise nach Gusto, geriebenen Parmesan sowie einen Stich Butter untermischen. Zum Schluss noch etwas – na klar! – Muskat darüber reiben und sofort servieren.

GETRÄNK

Ein aromatischer Weißwein, zum Beispiel ein Riesling mal Silvaner aus der Schweiz, so nennt man dort den Müller-Thurgau.

ZUTATEN

Für zwei Personen:
150 g Spaghetti
Salz
1 Zwiebel
3 Knoblauchzehen
2 EL Olivenöl
1 Chilischote
1 gehäufter EL Pinienkerne
500 g blanchierter Spinat
Pfeffer, Muskat
frisch geriebener Parmesan
1 EL Butter

Cremespinat im Kartoffelbett

Eine umwerfende Delikatesse, wieder mal eines der unzähligen Lieblingsgerichte von Martina: Ein unendlich zartes, absolut glattes, leuchtend grünes Püree mit einem guten Schuss frischer Sahne – hat nichts mit dem unsäglichen »Blubb« zu tun, sondern schmeckt wirklich köstlich!

ZUTATEN

Für vier Personen:

Spinatpüree:
1,5 kg Spinat
1 dicke Zwiebel
2 Knoblauchzehen
1–2 Chilischoten
2 EL Butter
ca. 100 g Sahne
Salz, Pfeffer
Muskat

Kartoffelbett:
1 kg möglichst mehlig kochende Kartoffeln
gut 1/4 l Milch
Salz, Pfeffer
Muskat, 1 EL Butter

Safranrührei:
5 frische Eier
1 Döschen Safran oder eine Fingerspitze voll Fäden
2 EL heiße Brühe (Spinatkochwasser)
Salz, Pfeffer
2 EL Butter

1. Spinat verlesen, dicke Stiele entfernen, die Blätter gründlich waschen. In reichlich Salzwasser zusammenfallen lassen und sanft ausdrücken.

2. Zwiebel und Knoblauch fein würfeln und in der heißen Butter andünsten, die zerkrümelten Chilis und schließlich, wenn die Zwiebeln weich sind, den blanchierten, tropfnassen Spinat zufügen, gut umwenden und 5 Minuten leise dünsten.

3. Das Gemüse im Mixer zum absolut glatten Püree mixen, dabei so viel Sahne zufügen, bis die richtige cremige Konsistenz erreicht ist. Abschmecken mit Salz, Pfeffer und Muskat!

4. Für das Kartoffelbett die Kartoffeln in ihrer Schale gar kochen. Noch heiß pellen und durch die Presse in aufkochende Milch drücken, die mit Salz, Pfeffer und reichlich Muskat gewürzt ist. Mit einem Schneebesen mischen, Butter zugeben und dabei kurz aufschlagen.

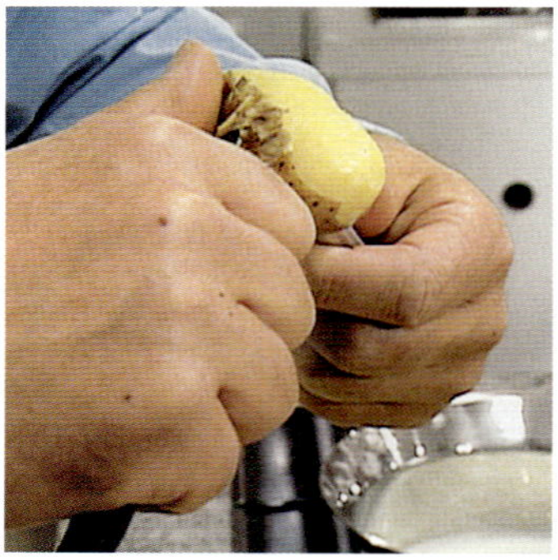

5 Die Eier in einer Schüssel glatt quirlen, dabei mit Salz und Pfeffer würzen. Den Safran in heißem Wasser auflösen – wenn Sie Fäden verwenden, ist es ratsam, sie vorher in einem kleinen Mörser zu zerstoßen. Unter die Eier rühren.

6 In einer beschichteten Pfanne die Butter aufschäumen lassen, die Eier hineingießen. Mit einem Spatel langsam aufrühren, jeweils das am Boden der Pfanne

gestockte Ei zu Flocken rühren. Die Pfanne bereits vom Feuer ziehen, solange das Rührei noch schön feucht wirkt.

7 Zum Servieren jeweils einen großen Klecks Kartoffelpüree auf einen Teller setzen und in die Mitte eine Kuhle streichen; dort hinein das Spinatpüree geben und schließlich in dessen Mitte eine Portion vom Safranrührei.

TIPP

Es schmeckt auch gut mit einem pochierten Ei. Dafür benötigt man möglichst tagesfrische Eier, weil bei diesen das Eiweiß das Eigelb noch dicht umschließt. Die Eier nacheinander, am besten mithilfe einer Kelle oder einer Tasse, in leise siedendes Wasser gleiten lassen, das mit Essig, auf keinen Fall mit Salz gewürzt ist – sonst wird das Eiweiß hart! Die Eier im leise sich bewegenden Wasser 3 Minuten ziehen lassen.
Für Gäste kann man diese pochierten Eier fabelhaft vorbereiten: Nur 2 Minuten leise kochen, dann den Topf vom Feuer ziehen, die Eier jedoch im Wasser belassen. Und kurz bevor serviert wird, den Topf wieder aufs Feuer stellen, bis die Eier warm sind, sie sind dann im absolut perfekten Garzustand: Das Eiweiß fest und das Eigelb noch eben fließend.
Noch ein Tipp: Wer mag, kann jetzt noch frisch ausgelassene Speckstreifen darüber verteilen, dessen Fett dann im Spinat- und Kartoffelpüree goldbraune Bahnen zieht. Dafür die Speckscheiben in feine Streifen schneiden und in der Pfanne sanft ausbraten. Nicht zu heiß werden lassen, damit das Fett nicht verbrennt.
Es soll gerade eben hellbraun gebraten sein und nussig duften.

GETRÄNK

Ein kraftvoller Weißburgunder aus Baden, zum Beispiel vom Weingut Schneider aus Endingen am Kaiserstuhl.

Sesamspinat

So liebt man Spinat in Japan: der blanchierte, noch warme Spinat wird mit einer duftenden Sesamsauce und Ei in Suppenschälchen geschichtet, dann im Dampf erhitzt, bis das Ei gestockt ist. Ein pfiffiges Zwischengericht.

1 Die Sesampaste mit Sojasauce, Zucker und Brühe zu einer glatten Creme rühren, dabei mit einer Spur Cayennepfeffer würzen. Sollte sich im Glas über der Paste Öl abgesetzt haben, muss man alles sehr gründlich glatt rühren, das kann unter Umständen etwas Kraft erfordern.

2 Den Spinat wie beschrieben blanchieren und nur sanft ausdrücken. In Portionsschälchen verteilen, die mit Sesamöl ausge-

ZUTATEN

Für vier bis sechs Personen:

100 g helle Sesampaste (Tahini)
2 EL Sojasauce
1 EL Zucker
etwas Cayennepfeffer
ca. 3 EL Brühe
800 g blanchierter Spinat
1 TL Sesamöl
4–6 frische Eier

Variante:

Spinat mit Sesam-Joghurt-Sauce

Schnell gemacht, eine fabelhafte Vorspeise oder auch eine hübsche Platte fürs kalte Buffet: Etwa 3 bis 4 Esslöffel Tahini (Sesampaste) mit dem Saft einer Zitrone glatt rühren, ebenso viel Brühe unterrühren und schließlich 100 Gramm Joghurt einarbeiten. Die cremige Sauce mit Salz, Pfeffer und Cayennepfeffer kräftig würzen. Über Spinatbällchen verteilen, mit Zimmertemperatur servieren.

TIPP

Bis zum Dämpfvorgang lässt sich alles wunderbar vorbereiten. Die gefüllten Schälchen können fix und fertig im Topf bereitstehen. Und kurz bevor serviert werden soll, wird nur noch der Herd eingeschaltet.

pinselt sind. Jeweils mit etwas Sesamsauce würzen, darauf ein frisches Ei setzen, mit Spinat abdecken und wiederum mit Sesamsauce beträufeln. Die Schälchen in einen zweifingerhoch mit Wasser gefüllten Topf stellen, das Wasser rasch zum Kochen bringen und den Sesamspinat im aufsteigenden und zirkulierenden Dampf 8 bis 10 Minuten dämpfen.

GETRÄNK

Dazu passt ein frisches Bier oder japanischer Sake – im Winter erwärmt (in der Mikrowelle!) und im Sommer eisgekühlt.

Spinat im Scheiterhaufen

In Anlehnung an die verführerische süße Mehlspeise aus geröstetem Weißbrot und Äpfeln; diesmal aber eine herzhafte Angelegenheit: Weißbrot wird in dünnen Scheiben geröstet, dann eine flache Auflaufform damit ausgelegt. Darauf wird der blanchierte, mit gedünsteten Zwiebeln und Knoblauch gewürzte Spinat ausgebreitet, gewürfelter Käse wird dazwischen verteilt und mit Spinat bedeckt. Schließlich deckt man alles mit dünnen, gerösteten Weißbrotscheiben zu; es kommt herzhaft gewürzte Eiermilch darüber, und dann lässt man das Gratin im Ofen backen, bis alles goldbraun geworden ist, duftet und brodelt …

ZUTATEN

Für vier bis sechs Personen:
1/2 Kastenweißbrot vom Vortag
50 g Butter
1 kg Spinat
1 große Zwiebel
3 Knoblauchzehen
6 getrocknete Tomaten
150 g Käse (Mozzarella, auch ein junger Schnittkäse ist geeignet)
Salz, Pfeffer, Muskat oder sogar Muskatblüte
Cayennepfeffer
2 Eier
1/4 l Milch

1 Das Weißbrot in dünne Scheiben schneiden. Die Hälfte davon auf einem Blech verteilen und im heißen Backofen einige Minuten goldbraun rösten. Die Scheiben nebeneinander in einer ausgebutterten, flachen Auflaufform verteilen und jeweils mit einem kleinen Butterflöckchen besetzen.

2 Den Spinat putzen, waschen, blanchieren, sanft ausdrücken. Die Zwiebeln fein würfeln und in etwas Butter andünsten, den Knoblauch durch die Presse zufügen und die fein gewürfelten getrockneten Tomaten mitdünsten. Schließlich den auseinander gezupften Spinat kurz mitdünsten, jetzt alles kräftig mit Salz, Pfeffer und Muskat würzen. Die Hälfte dieser Mischung in der mit Brot ausgelegten Form ausbreiten. Den gewürfelten Käse darauf verteilen, mit dem restlichen Spinat abdecken und schließlich

dachziegelartig die restlichen Brotscheiben darauf anordnen, bis nichts vom Spinat mehr sichtbar ist.

3 Eier und Milch glatt quirlen und kräftig mit Salz, Pfeffer, Cayenne und Muskat würzen. Gleichmäßig über der Oberfläche verteilen, dabei langsam gießen, damit die Brotscheiben allesamt davon gleichmäßig durchtränkt werden. Mit Butterflöckchen besetzen.

4 Bei 200 Grad im vorgeheizten Ofen 35 Minuten backen, bis die Oberfläche goldbraun geworden ist und der Auflauf brodelt. Zusammen mit einem Salat ein wunderbares Essen.

GETRÄNK

Dazu schmeckt ein kraftvoller, aber nicht zu üppiger Rotwein aus Friaul (Merlot), Venetien (ein kräftiger Valpolicella), dem Trentino (Teroldego), Piemont (Barbera, Dolcetto) oder von der Rhone.

Spargel

Spitzenmäßig: Spargel

Neue Ideen rund um den König aller Gemüse

Spargel – das Gemüse, auf das man sich noch richtig freuen kann! Denn der wahre Liebhaber weiß: Der beste Spargel ist der frischeste Spargel – und deshalb wartet er darauf, bis derjenige mit dem kürzesten Weg endlich da ist. Man braucht also durchaus nicht nach dem berühmten Schwetzinger Spargel zu lechzen, sondern sollte nach dem Ausschau halten, der aus dem nächstgelegenen Anbaugebiet stammt. Spargel besteht nämlich zu fast 90 Prozent aus Wasser, und wehe, wenn er zu lange liegt, der Spargel also austrocknet: Dann bleiben nur noch zähe, geschmacksarme Fasern übrig. Wer das weiß, der kann all den Spargel aus Spanien, Griechenland, Italien, Frankreich oder weiß Gott woher unangefochten liegen lassen und sich gedulden bis zu dem Moment, wenn der Spargel um die Ecke endlich auch zu treiben beginnt und vorwitzig aus der Erde spinxt.

Woher der Spargel kommt

Spargel gedeiht in ganz Süd- und Mitteleuropa – vielerorts kann man ihn in warmen Wiesengründen auch wild finden. Diese stets grünen, meist ziemlich dünnen Spargel schmecken wundervoll würzig und bitter. Schon früh hat sich menschlicher Züchterfleiß mit dem einzigartigen Gemüse beschäftigt. Die alten Ägypter hatten bereits versucht, ihn zu züchten und Kontrolle darüber zu erlangen. Bei den Römern war der Spargelanbau längst eine ausgefeilte Kultur. Cato, ein ausgewiesener Spargelfan, pries ihn als »Schmeichelei für den Gaumen« und verfasste 200 v. Chr. eine erste Anleitung zum Spargelanbau. Der Geschichtsschreiber Plinius rühmte Spargel als »zuträglichste Speise für den Magen«.
In Deutschland hat es jedoch einige Jahrhunderte gedauert, bis man begriff, dass sich die wilden Sprösslinge, die man im Frühling in den Wiesen fand, mit einiger Sorgfalt zu saftigen, dicken Stangen kultivieren ließen. Ab Mitte des 16. Jahrhunderts tauchen dann allenthalben Spargelanlagen auf: Zunächst zierten sie allerdings nur die Lustgärten des Adels. Doch schon bald berichtet man von Spargelzucht am Niederrhein, rund um Schwetzingen, bei Braunschweig, bei Ulm und Augsburg, schließlich in Beelitz bei Berlin – überall da also, wo Klima und Boden die richtigen Bedingungen boten und wo anspruchsvolle Hofhaltungen oder ein wohlhabendes Bürgertum für genügend Nachfrage sorgten. Spargel war eben immer schon der König unter den Gemüsen, beziehungsweise das Gemüse der Könige ...

Die Spargelzucht: eine mühsame Sache!

Spargel liebt leichten, lockeren Sandboden, der sich rasch erwärmt. Aber auch bei idealen Klimabedingungen braucht eine Spargelkultur einige Jahre, ehe sie Ertrag bringt. So lange müssen die Felder gepflegt und bearbeitet werden, ernten kann man jedoch frühestens nach drei bis fünf Jahren.

Spargel gedeiht unter der Erde. Um die Stangen garantiert vor Licht zu schützen und so zu gewährleisten, dass sie weiß bleiben, häuft man über den Pflanzen jedes Jahr von neuem im Frühjahr, sobald die ersten Spitzen zu sprießen beginnen, die Erde zu Wällen auf, den so genannten Bifangen. Erst wenn in ihrer stets mit einem Plättholz glatt gehaltenen Oberfläche zarte Risse entstehen und somit anzeigen, dass die von unten heranwachsende Spargelspitze kurz vor dem Durchbruch steht, gräbt der (die) Spargelstecher(in) mit zwei Fingern behutsam rund um diese Stelle ein Loch in den Hügel und schaufelt so die Spargelstange frei. Etwa 25 bis 30 Zentimeter tief wird die empfindliche Stange, die so leicht bricht wie Glas, mit einem an der Spitze gekehlten und geschärften Messer abgestochen. Dann wird die Erde über diesem Loch wieder zusammengeschaufelt und alles sorgfältig verschlossen und glatt gestrichen, damit dieselbe Pflanze innerhalb weniger Tage weitere Sprossen produzieren kann. Mühsame Handarbeit also – kein Wunder, dass Spargel kein billiges Gemüse ist (obwohl für die schwere Arbeit mit krummem Rücken heute fast ausschließlich ausländische Arbeitskräfte aus dem Ostblock eingesetzt werden, um die Kosten einigermaßen im Griff zu behalten).

Boden und Klima müssen stimmen

Spargelpflanzen sind von sensibler Empfindlichkeit: Kälte mögen sie nicht und zu viel Regen ebenso wenig wie zu lange Trockenheit. In manchen Anbaugebieten heizt man den Boden, damit der Spargel früher als sonst austreibt und unabhängig vom Wetter wachsen kann. Andernorts breitet man schwarze Plastikplanen über die Beete, um die Stangen vor Kälte zu schützen und den Boden schneller zu erwärmen. Erst wenn die Spargelspitze die Erdoberfläche durchbrochen hat und Kontakt mit dem Sonnenlicht bekommt, entwickelt sie Chlorophyll und färbt sich violett bzw. grün. In Italien und Frankreich liebt man grünen Spargel, dessen Schaft noch in der Erde war und deshalb weiß bleibt. Es gibt, als Spezialität aus Ligurien, auch Spargel mit tiefdunklen lilafarbenen Spitzen (siehe Photo S. 70). In Frankreich und Spanien lässt man die Spitzen nur einige Zentimeter aus der Erde blitzen und schätzt die zart blaugrünen Köpfe der ansonsten weißen Stangen. So genannter bunter oder gar grüner Spargel schmeckt würziger und intensiver, gemüsiger als der zarte weiße Spargel. Wichtig für eine gute Qualität ist allerdings auch der maßvolle Umgang mit Düngemitteln. Ein sorgfältig arbeitender Spargelbauer wird nur vor der Ernte düngen, aber nicht mehr während der Stechperiode mit dem Jauchewagen über die Felder fahren – wiewohl das allerdings immer wieder vorkommt, vor allem bei unseren französischen Nachbarn, die in dieser Hinsicht wenig zimperlich sind. Ein solcherart mit viel Stickstoff und »Treibmitteln« erzeugter Spargel schmeckt weniger fein und mineralisch, sondern eher aufdringlich und animalisch. Allerdings braucht die Spargelpflanze mit ihrem erstaunlich dichten und bis zu zwei Meter im

Umkreis sich ausbreitenden System aus Speicher- und Saugwurzeln, dem Rhizom, viel Platz und viel Nahrung, um gut zu gedeihen. Sandige, leichte, dabei tiefgründige und nicht zur Verkrustung neigende Böden sind eine Grundvoraussetzung – Einschlüsse von Steinen und schwere Böden bringen nur krumme Stangen und machen die Bearbeitung des Bodens zu schwierig. Ein hoher Humusgehalt des Bodens ist aber für die Versorgung der Pflanzen wichtig: Stallmist und Kompost muss bis in eine Tiefe von mindestens 60 Zentimetern eingebracht werden, wobei der Boden durch Rigolen (besonders tiefes Pflügen) oder Tieffräsen gelockert und umgeschichtet sowie mit dem Humus durchmischt werden muss. Das erfordert starke und teure Maschinen. Und in den Ertragsjahren muss natürlich mehrmals im Jahr gedüngt werden, denn die leichten Böden können den Stickstoff nicht halten. Auch das früher gängige Einarbeiten von Torf hilft da nicht viel – besser für eine gute Feuchtigkeitsregulierung sind Feinerden sowie lehmige Schwemmstoffe im Sand, so genannter Schluff, die auch für die Geschmacksbildung von größter Bedeutung sind. Also eine Mischung, die vorzugsweise in den Altarmen von größeren Flüssen anzutreffen ist: Deshalb liegen unsere berühmten Spargelgebiete am Rhein, an Donau, Elbe, Weser, Main und in den Urstromtälern. Besonders klarer, feiner und keineswegs breit-plumper Spargelgeschmack entwickelt sich dort, wo dieser Schluff sehr mineralisch (Urgestein, zermahlener Granit) ist.

Der Einsatz von Insektiziden und Pestiziden wird in den verschiedenen Anbauregionen unterschiedlich gehandhabt. Im heute bei uns weit verbreiteten integrierten Pflanzenbau wird nur dann etwas bekämpft, wenn die Gefahr wirklich gegeben ist – zum Beispiel das Auftreten der Spargelfliege im Frühjahr, deren Maden die Stangen vollkommen unbrauchbar machen. Oder das Spargelhähnchen, deren Raupen allerdings das Grün befallen und oft keinen so großen Schaden anrichten, dass man sie gleich mit schwerem Geschütz bekämpfen muss. Früher hat man die Spargelpflanzen relativ eng gesetzt, alle 40 cm bei einem Reihenabstand von nur 1,40 Meter, heute bevorzugt man dafür mindestens 1,80 Meter, neuerdings sogar 2,50 Meter bei maximal zwei Pflanzen auf den laufenden Meter, wodurch die Erträge an Güteklasse I und II deutlich erhöht werden konnten. Außerdem bringt die lockere Bepflanzung nicht nur mehr schöne und kräftige Spargel pro Pflanze, sondern die bessere Durchlüftung der im Sommer mit den ausgewachsenen Spargelbüscheln bestandenen Felder senkt das Risiko von Pilzbefall, von

Botrytis und Rost, was wiederum weniger Belastung durch Spritzmittel bedeutet.

Am Johannistag ist Schluss!

Wie lange geerntet wird, hängt stark vom Verlauf der Witterung ab: Es gibt Jahre, da kann man bereits Mitte April beginnen und kontinuierlich stechen bis zum 24. Juni, dem Johannistag, weil es niemals zu kalt und zu nass, aber auch nicht zu heiß und zu trocken ist; in anderen Jahren verausgaben sich die Pflanzen in zwei warmen Maiwochen, manchmal erwärmt sich der Boden überhaupt nicht über 15 Grad, oder die Ernte fällt nach langen Regenperioden regelrecht ins Wasser. Und ab und zu vernichten Spätfröste die bereits heftig austreibenden Pflanzen... Und schließlich muss jeder Spargelbauer selbst entscheiden, wann er aufhört – nicht nur der Kalender gibt ein Signal, sondern auch die Menge der bereits geernteten Spargel. Es müssen nämlich auch nach Einebnung der Wälle noch genügend Triebe hervorkommen, damit deren grünes Laub mithilfe des Wurzelwerks den Sommer hindurch viele Nährstoffe aufnehmen und bei guter Assimilation umbauen und im Rhizom einlagern kann – nur dann kann es auch im nächsten Jahr wieder eine gute Ernte geben!

Einkauf und Lagerung

Wir hatten es ja eingangs schon gesagt: Der beste Spargel ist der frischeste Spargel. Deshalb ist ganz klar, dass man darauf beim Einkauf am meisten achten muss. Ob das Gemüse frisch ist, lässt sich sehr leicht feststellen: Der Spargel muss fest sein, prall und saftig aussehen; er sollte keinerlei Makel zeigen, keine braunen Stellen, natürlich nicht welk oder gar matt wirken. Frische beweist auch die Schnittstelle, die auf keinen Fall ausgetrocknet aussehen darf – Spargel aus mediterranen Ländern, die ja schon einen ziemlich langen Weg hinter sich haben, stecken dann ja meist genau mit diesem Ende in einer undurchsichtigen Hülle... Also: Die Schnittfläche muss noch Saft abgeben, wenn man die Stange dort leicht zusammendrückt. Übrigens kann man die Frische auch hören: Die Stangen quietschen, wenn man sie aneinander reibt, und es klingt dumpf, wenn man sie leicht aneinander schlägt.

Natürlich sollte man die solcherart liebevoll ausgesuchten Stangen sofort verarbeiten und nicht erst lang im Kühlschrank parken, bis sie nicht mehr frisch sind. Ist es doch einmal nötig, geschieht das am besten in einem feuchten Tuch. Lieber nicht in eine Plastiktüte packen, vor allem, wenn sie keine Luftlöcher hat, denn darin könnte der Spargel ersticken und muffigen Geschmack entwickeln.

Spargel vorbereiten

Spargelschälen ist Chefsache! Jede Stange muss sorgsam behandelt, angefasst und begutachtet werden. Nichts ist unangenehmer als nachlässig geschälter Spargel. Zuerst muss er gründlich gewaschen werden, vor allem in den Köpfen versteckt sich oft Sand, der unangenehm zwischen den Zähnen knirscht. Und dann gehört eine gewisse Großzügigkeit dazu: Wer zu wenig schält, ist ebenso dumm wie der, der zu viel abschneidet. Es ist Erfahrungssache, wie dünn man die Schale am Kopfende der Stange wegschneiden soll und wie dick man sie entfernen muss, wenn man sich dem Fußende nähert. Deshalb legt man sich die Stange am besten aufs Handgelenk der linken Hand, fasst den Kopf mit Daumen, Zeige- und Mittelfinger und kann von dort bis zum unteren Ende die Schale abschneiden, ohne dass die empfindliche Stange bricht. Das holzige Ende wird quer abgeschnitten.

Spargel richtig schälen

Zum Schälen gibt es eine Reihe unterschiedlicher Spezialmesser – jeder schwört da auf sein eigenes System. Manche nehmen einfach das Kartoffelschälmesser, andere das teure Spargelmesser mit verstellbarer Klinge. Für alle gilt: Sie sollten scharf sein, denn die Schale sollte schließlich *geschnitten* werden, ein stumpfes Messer reißt. Die Schalen und holzigen Endstücke werden natürlich nicht weggeworfen, sondern zunächst zu einem Sud ausgekocht. Darin werden anschließend die Spargel gegart, und danach dient dieser Sud als fabelhafte Basis für eine Suppe oder Sauce, man kann ihn trinken (gut für die Verdauung, auch harntreibend!) oder für einen Risotto verwenden.

Was alles im Spargel steckt

Zunächst einmal hauptsächlich Wasser: Zu sagenhaften 92 Prozent besteht dieses Gemüse aus Wasser – unglaublich, wie wohlschmeckend Wasser sein kann! Daneben enthält Spargel kaum Fett, also auch kaum Kalorien (21 pro 100 Gramm!), kein Cholesterin und geradezu vernachlässigenswert wenig Kohlenhydrate. Deshalb ist er absolut als Schonkost geeignet, sogar für Diabetiker ausdrücklich empfohlen (400 Gramm rechnet man als eine Broteinheit). Sein Kaliumanteil ist mit 220 mg pro 100 Gramm vergleichsweise hoch, dafür enthält er wenig Natrium (4 mg), was seine harntreibende Wirkung noch verstärkt. Spargel befördert den Grundumsatz um bis zu 30 Prozent. Das heißt, er forciert die Verbrennung und damit den Kalorienverbrauch, ein Effekt, der bei einer Schlankheitsdiät besonders erwünscht ist.

Spargel in der Küche

Auf klassische Art wird Spargel gekocht und mit zerlassener Butter oder einer milden Buttersauce, mit neuen Kartöffelchen und eventuell rohem oder gekochtem Schinken serviert. Zu diesem Zweck schnürt man praktischerweise jeweils eine Portion mit Küchenzwirn zusammen: So kann man die heißen Spargel leichter anrichten.

Wie weich man Spargel mag, ist sicher Geschmackssache. Zu weich ist ebenso unschön wie zu hart. Wir schneiden uns immer ein Stückchen ab und probieren. Mit den Zähnen lässt sich der Garzustand exakter überprüfen als mit der Messerspitze.

Man kann Spargel auch ganz roh essen; besonders köstlich schmecken roh nicht etwa die zarten Spitzen, sondern der gut geschälte Schaft – in kleine Stücke geschnitten eine wesentlich bekömmlichere und kalorienärmere Knabberei als das übliche Gebäck zum Aperitif. Die Spitzen essen wir lieber gekocht – anders als viele Leute! Die geköpften Stangen ergeben, auf der Aufschnittmaschine längs und ganz dünn in feine Scheiben geschnitten, einen erfrischenden, leichten Salat; zum Beispiel vermischt mit Radieschenscheiben, reichlich jungen Kräutern (Liebstöckel, Schnittlauch, Kresse, Kerbel, Rucola) und angemacht mit Zitronensaft, Salz, Pfeffer und einem guten Olivenöl.

Wir haben für Sie ein paar alte, aber nicht mehr so bekannte Spargelrezepte nachgekocht und modernisiert und auch einige ganz neue ausprobiert.

Spargel klassisch: in seiner Sauce und mit Schinkencrêpes

Wir lieben Spargel in dieser ganz besonderen Sauce, die wir »seine« Sauce nennen, weil sie nämlich aus püriertem Spargel besteht. Das ist frischer und leichter als die berühmte butterstrotzende Sauce hollandaise und schmeckt sehr viel »spargeliger«.

ZUTATEN

Für vier Personen:

Für die Crêpes:

2 Eier, 1 Eigelb, 150 g Mehl
ca. 1/8 l Wasser, 1/4 l Milch
Salz, Butterschmalz oder eine Speckschwarte zum Backen
100 g gekochter Schinken in dünnen Scheiben,
eventuell Kräuter

Außerdem:

2 kg Spargel (nach Belieben auch gemischt in den Farben grün und weiß)
Salz, etwas Zucker
100 g Butter, Muskat
1 Händchen voll Kräuter (Kerbel, Petersilie, Liebstöckel, Estragon)
je einige Tropfen Worcestershire-Sauce und Balsamessig

1 Zuerst den Crêpeteig anrühren: Dafür die Eier und das Eigelb verquirlen und zunächst das Mehl damit glatt rühren. Erst dann Wasser und Milch zufügen und energisch mit dem Schneebesen zu einem schön glatten und sehr flüssigen Teig schlagen, dabei salzen. So kann man sicher sein, dass keine Klümpchen entstehen!

2 Es tut dem Teig gut, mindestens eine halbe Stunde zu ruhen. Dann quillt das Mehl besser auf und entwickelt seinen Kleber – die Pfannkuchen werden dadurch duftiger und zarter.

3 Die Pfannkuchen werden am besten in einer beschichteten Pfanne gebacken, in etwas Butterschmalz oder – das ist die klassische Methode – nur in dem bisschen Fett, das am Pfannenboden haften bleibt, wenn Sie ihn mit einer Speckschwarte ausreiben. Das gibt den Pfannkuchen einen herzhafteren Geschmack.

4 Die Pfanne muss heiß sein, das Fett darf sanft bräunen, dann eine kleine Kelle Teig hineingießen, die Pfanne sofort drehen und schwenken, damit der sehr flüssige Teig sich sofort gleichmäßig

auf dem Pfannenboden verteilt. Er muss eine hauchdünne Schicht bilden, die auf dem heißen Pfannenboden sofort stockt.

5 Zuerst auf der einen Seite bräunen, sobald sich der Crêpe an den Rändern kräuselt und bräunlich wird, kann man ihn bereits drehen und auch auf der anderen Seite backen. Aufpassen, die zweite Seite braucht immer deutlich weniger Zeit dafür!

6 Die Spargel waschen und sorgfältig schälen. Die Schalen mit Wasser bedeckt mit etwas Salz, einer Prise Zucker und einem Löffel Butter eine halbe Stunde auskochen.

TIPP

Einen ausreichend großen Topf nehmen, beim Kochen flockt das in den Schalen enthaltene Eiweiß aus, steigt hoch und kocht leicht über! Den Sud durch ein Sieb filtern, die Schalen dabei gut ausdrücken.

TIPP

Jeweils eine kleine Schöpfkelle Teig in die sehr heiße Pfanne gießen; Pfanne sofort drehen und schwenken, damit sich der Teig rasch von selbst überallhin verteilt.
Wenn Sie mit einem Löffelrücken nachhelfen müssen, ist der Teig zu dick! Mit einem Schuss Wasser verdünnen.
Sobald der Pfannkuchen sich an den Außenkanten kräuselt, ist er an der Unterseite genügend gebräunt und kann gewendet werden. Die fertig gebackenen Crêpes aufeinander gestapelt im 80 Grad heißen Ofen warm halten, bis alle fertig sind – vorausgesetzt, man isst sie Ihnen nicht direkt aus der Pfanne weg.

7 Die Spargelstangen portionsweise bündeln; von den Bündeln das unterste Drittel wegschneiden und im inzwischen abgeseihten Spargelsud weich kochen.
Die Spargelbündel im Sud ziehen

lassen, bis die Stangen noch sanften Biss bieten. Dann herausheben, in eine große Serviette gehüllt warm und trocken halten.

8 Für die Sauce die Spargelendstücke im Mixer mit der restlichen Butter, einer kleinen Prise Zucker, Muskatnuss sowie einem guten Händchen voll Kräuter glatt mixen, dabei auch je einen Spritzer Worcestershiresauce und Balsamico zufügen. Alles auf höchster Stufe mixen und so viel Spargelsud zufügen, bis die cremige Sauce die gewünschte Konsistenz erreicht hat.

TIPP

Man kann auch das Fett vom gekochten Schinken abschneiden und jeweils ein bisschen sehr fein gehackt in der Pfanne auslassen, bevor der Teig hineingegossen wird. Den Schinken selbst klein schneiden und mit reichlich gehackten Kräutern sorgfältig in den Teig rühren.

9 Erst jetzt mit Salz, eventuell mit einem Spritzer Zitronensaft abschmecken. Getrennt zum Spargel und zu den Schinkencrêpes servieren.
Den Spargel auf einer Platte anrichten. Das Beste ist, sie in eine Serviette zu hüllen, damit sie trocken werden (so nehmen sie auf dem Teller die Sauce besser auf) und warm bleiben. Wenn Sie eine haben, servieren Sie den Spargel natürlich auf einer speziellen Spargelplatte.

Variation: Spargelcremesuppe

Nach demselben Prinzip ist aus den pürierten Spargelabschnitten rasch eine wunderbare Cremesuppe hergestellt: So viel Spargelsud untermixen, bis eine cremige Suppenkonsistenz erreicht ist. Dann reichlich Spargelstücke in dieser Suppe erwärmen, nach Belieben auch Schinkenstreifen, sogar Fischwürfel kann man darin gar ziehen lassen! Und: grüne Petersilienkleckse, wie auf Seite 39 gezeigt und beschrieben, passen ebenfalls gut und sehen hübsch aus!

TIPP

So wird ein eleganter Gang innerhalb eines feinen Menüs daraus, der sich gut vorbereiten lässt: Pro Person die entsprechende Anzahl Spargel jeweils in eine Crêpe hüllen, zu einer Rolle wickeln und nebeneinander in eine feuerfeste Form schichten. Kurz vor dem Servieren die gefüllten Crêperollen mit etwas Spargelsud benetzen und bei 200 Grad im Backofen 10 Minuten erwärmen. Die Spargelrollen quer halbieren, mit der Schnittfläche zum Betrachter hübsch auf Tellern anrichten, mit der Sauce dekorativ überziehen und umklecksen.

GETRÄNK

Dazu passt ein üppiger Grauburgunder, zum Beispiel vom Kaiserstuhl, aus Friaul, Slowenien oder der Steiermark.

Spargel mit Rotbarbenfilets

Spargel – statt gekocht diesmal gebraten

Spargel kennen wir in Europa eigentlich nur gekocht. Aber die Asiaten, die auch Spargel im Wok zubereiten, wissen, dass er beim Braten einen besonderen, nämlich intensiveren, weil konzentrierteren Geschmack entwickelt: Zum Beispiel einfach in Butter in der Pfanne. Man kann also, sozusagen als Grundrezept, die geschälten Spargelstangen einfach in die Pfanne legen, in der bereits Butter aufschäumt. Nicht zu viele auf einmal, sonst zieht der Spargel Wasser und er kocht im eigenen Saft. Er wird gesalzen, mit einer Prise Zucker bestreut (verstärkt den karamellisierenden Effekt, der beim Braten entsteht), mit Muskat gewürzt. Kurz den Deckel auflegen – der Spargel ist in wenigen Minuten wunderbar: zart, bissfest und mit starkem Eigengeschmack. Jetzt braucht man ihn nur noch mit gehackten Kräutern zu bestreuen. Mit gekochten Kartöffelchen ein wunderbares Essen.

Eine mediterrane Variante

Immer mal wieder schauen wir in die Tiefkühltruhen der Supermärkte. Natürlich suchen wir nicht bei den Fertiggerichten, schließlich wollen wir uns die Freude am Kochen nicht nehmen lassen. Aber ab und zu lohnt es sich, die unbehandelten Produkte zu beachten. Neulich gab es Rotbarben aus Italien, jene herrlichen kleinen Fische mit leuchtend roter Haut, die höchstens handspannenlang am besten schmecken – beim Fischhändler bekommt man sie seit geraumer Zeit nur noch aus der Zucht, und zwar in Forellengröße, also viel zu groß, als dass sie noch gut schmecken. »Man muss wissen«, so protokollierte der legendäre Joseph Wechsberg den bereits Anfang der 50er-Jahre berühmten Koch Raymond Thuilier in Les Baux-de-Provence, »dass ein Rouget, *eine Rotbarbe, nicht mehr als 180–200 g wiegen darf!« Hier also waren sie filiert und klein. Im Kühlschrank aufgetaut, entpuppten sie sich als wohlduftend, und in etwas Olivenöl gebraten als sehr köstlich. Mit dem Spargel ergaben sie folgendes Gericht:*

1 Die Rotbarben langsam auftauen, dann unter kaltem Wasser abspülen, dabei eventuell noch anhaftende Schuppen entfernen, schließlich mit Küchenpapier gut abtrocknen.

ZUTATEN

Für vier Personen:
1 Paket tiefgekühlte Rotbarbenfilets
1 kg Spargel
4–5 EL Olivenöl
2 Knoblauchzehen
1 Rosmarinzweig
2 Thymianzweiglein
Salz, Pfeffer, 2 TL Balsamico

2 Den Spargel waschen, schälen und putzen, in Stücke schneiden. In einer großen Pfanne die Hälfte des Öls erhitzen, die Spargelstücke darin anbraten, den Knoblauch durch die Presse hinzudrücken, einige Rosmarinnadeln und auch vom Thymian einige Blättchen zufügen. Zugedeckt auf starkem Feuer etwa 5 Minuten braten.

3 Die Fischfilets im restlichen Öl in einer zweiten Pfanne, mit der Hautseite zuerst, eine Minute kräftig anbraten, dabei die Kräuter im Öl mitbraten, damit sie ihm ihren Duft abgeben. Die Fischfilets für 20 Sekunden auf die Fleischseite drehen, salzen und pfeffern. Den Balsamico ins Bratöl träufeln, diese Mischung dann über die Fischfilets löffeln.

4 Zusammen mit den gebratenen Spargelstücken auf einer vorgewärmten Platte oder gleich auf Portionstellern anrichten.

BEILAGE

Dazu schmecken geröstete Kartöffelchen, die man allerdings in einer dritten Pfanne zubereiten muss: Gekochte Kartoffeln dafür würfeln und in heißem Olivenöl (eventuell auch sie mit Knoblauchzehen, Rosmarin und Thymian würzen) langsam schön golden braten. Dabei immer wieder an der Pfanne rütteln, besser noch die Pfanne schwenken, damit die Würfel rundum schön kross werden. Erst ganz zum Schluss salzen – so bleiben sie knuspriger!

GETRÄNK

Zu diesem mediterranen Gericht darf der Wein ruhig kräftig sein. Zum Beispiel ein Viognier aus Südfrankreich oder ein Sauvignon aus dem Friaul.

Spargel à la chinoise mit Hähnchenbrust

Schnell im Wok pfannengerührt – so behält Spargel seinen knackigen Biss und, wenn es sich um grünen Spargel handelt, seine leuchtende Farbe. Man kann nach Belieben beide Farben mischen. Ob man mit Chili würzt, ist natürlich Geschmackssache!

ZUTATEN

Für vier Personen:
250 g Hähnchenbrust
1 TL Speisestärke
1 EL Sojasauce
1 TL Sesamöl
400 g Spargel
(nach Belieben grün und weiß gemischt)
1 Frühlingszwiebel
1 walnussgroßes Stück Ingwerwurzel
2 Knoblauchzehen
2 EL neutrales Öl
1 EL Sesamöl
Salz, Pfeffer
1 TL Zucker
1 EL Sojasauce
2 EL Sherry oder Reiswein
2 EL Gemüse- oder Hühnerbrühe
Koriandergrün

1 Das Fleisch in zentimeterkleine Würfel schneiden, mit Stärke, Sojasauce und Sesamöl einreiben und marinieren lassen.

2 Den Spargel sorgsam schälen, sehr schräg in Stücke schneiden. Die Köpfe beiseite legen, sie haben eine kürzere Garzeit und kommen erst später in den Wok!

3 Das Weiße der Frühlingszwiebel in feine, das Grün in etwa einen Zentimeter breite Ringe schneiden. Den Ingwer dünn schälen, längs in feine Scheiben, diese in Streifen schneiden. Den Knoblauch ebenso in feine Stifte schneiden.

4 Das Öl (beide Sorten gemischt) im Wok erhitzen, zuerst das Fleisch darin pfannenrühren, dabei mit Salz, Pfeffer und Zucker würzen.

5 Die Spargelstücke sowie Ingwer, Knoblauch und Frühlingszwiebeln nacheinander zufügen und mitbraten. 2 Minuten pfannenrühren, dabei mit Salz und Zucker würzen. Erst dann die Köpfe zufügen und nach einer weiteren Minute schließlich Sojasauce, Sherry oder Reiswein und Brühe angießen.

6 Alles kräftig im Wok umherwirbeln, auf starkem Feuer einmal aufkochen. Auf einer Platte anrichten und üppig mit Koriandergrün bestreut heiß servieren.

7 Dazu kommt duftiger, lockerer Reis. Der gelingt am besten im Reiskocher. Oder in einem schweren, dickwandigen Topf, zum Beispiel aus Gusseisen: auf eine Tasse Reis eineinhalb Tassen Wasser rechnen. 2 Minuten sprudelnd kochen, dann zugedeckt auf kleinstem Feuer 20 Minuten ausquellen lassen.

GETRÄNK

Hierzu passt derselbe Wein wie zu den Rotbarben, aber auch trockene, aromatische Rebsorten wie Scheurebe, Muskateller, Traminer oder ein fruchtiger Riesling, etwa aus dem Ürziger Würzgarten (Mosel) oder vom Rothenfels an der Nahe sind geeignete Begleiter. Wir haben einen nicht zu mächtigen Gelben Muskateller aus der Wachau dazu sehr passend gefunden.

Spargelrisotto mit Kerbelbutter

Auch hierfür empfiehlt es sich, die Spargelschalen zunächst auszukochen: Man braucht ja einen aromatischen Sud, um den Reis zu garen. Wir probieren diesmal übrigens eine völlig neue Methode des Risottokochens, ein Vorschlag eines Zuschauers: Wir kochen ihn im Schnellkochtopf! Das geht verblüffend einfach: Der Risotto wird angesetzt wie üblich – Zwiebeln fein gewürfelt andünsten, Reis zufügen, Wein angießen, verkochen lassen, mit Spargelbrühe auffüllen, Spargelstücke zufügen. Im Schnellkochtopf garen – innerhalb von 7 Minuten! Zum Schluss wird der Risotto leuchtend grün mit Kerbelbutter (herrlich ist auch Bärlauchbutter!) eingefärbt und mit frisch geriebenem Parmesan cremig aufgerührt. Ein frühlingsduftendes Gericht!

ZUTATEN

Für vier Personen:

500 g Spargel, 1 Zwiebel
3–4 Knoblauchzehen
75 g Butter, 300 g Risottoreis
1 Glas Weißwein
Salz, Pfeffer
1/2 l Gemüse- beziehungsweise Spargelsud
2 Hand voll Kerbel oder Bärlauch
50 g frisch geriebener Parmesan

1 Den Spargel waschen, schälen – aus den Schalen einen Sud kochen. Die Spargelstangen in kleine Stücke schneiden. Zwiebel und Knoblauch schälen und fein würfeln.

2 Im Schnellkochtopf zwei Löffel Butter erhitzen, Zwiebeln und Knoblauch darin weich dünsten. Den Reis kurz mitdünsten, schließlich mit dem Wein ablöschen. Einkochen, bis kaum mehr Flüssigkeit im Topf ist, salzen und pfeffern.

3 Mit Spargelsud auffüllen und die Spargelstücke zufügen. Den Topf verschließen, auf starker Hitze unter Dampf setzen. Sobald das Ventil verschlossen ist, die Hitze herunterschalten und auf kleinem Feuer 7 Minuten gar ziehen lassen.

4 Inzwischen die restliche Butter mit dem Kerbel oder dem Bärlauch im Mixer zu einer leuchtend grünen Creme mixen. Aus dem Risottotopf den Dampf ablassen, den Topf öffnen, geriebenen Parmesan und Kräuterbutter einrühren. Den jetzt leuchtend grünen Risotto auf keinen Fall mehr stehen lassen, sondern sofort am besten in tiefen Tellern servieren.

TIPP

Einige Tropfen Zitronensaft, ganz zum Schluss unter den Risotto gerührt, geben ihm Frische und heben den Geschmack! Wem das zu viel Säure ist, der kann mit einem frischen Riesling zum Ablöschen für eine zurückhaltendere, feinere Säure sorgen. Und noch ein Tipp: Als Kräuterbutter können Sie den Bärlauch für den Winter konservieren. Mit Butter glatt gemixt, mit Salz und Pfeffer gewürzt, zur Rolle geformt kann man ihn wunderbar einfrieren. Am besten portionsweise, dann kann man entnehmen, was man gerade braucht.

Immer frisch geriebenen Parmesan verwenden, erkennbar am in die Rinde eingestanzten »Parmigiano Reggiano«, oder den etwas preiswerteren, aber ebenfalls guten Grana, dessen Name ebenfalls auf der Rinde zu lesen ist. Und die Kräuterbutter erst ganz zum Schluss zugeben!

GETRÄNK

Ein milder, aber gehaltvoller Weißwein passt hierzu, entweder ein Weißburgunder oder Silvaner, zum Beispiel aus Franken oder vom Kaiserstuhl, auch aus dem Elsass. Oder ein Pinot Bianco aus dem Friaul.

Frühlingssalat mit Kartoffeln, Spargel, Radieschen, Schnittlauch

Frühlingsleicht – ein hübscher Imbiss oder eine feine Vorspeise in einem Menü, mit zarten jungen Salatherzen, reichlich Kräutern (Kerbel, Schnittlauch, der erste Liebstöckel), geraspelten Radieschen oder Mairettichen und jungen, gebratenen Kartoffeln. Angemacht mit einer leichten Eier-Vinaigrette. Und unmittelbar vor dem Servieren werden Lachskaviarkügelchen darüber gestreut – das sieht super aus und schmeckt umwerfend! Dazu knuspriges Baguette und ein ordentlicher Schluck Wein, was will man mehr...?

ZUTATEN

Für vier Personen:
350 g kleine Kartoffeln
750 g Spargel
Salz, Zucker, 1 EL Butter
1 Bund Radieschen
Eier
2 feste Salatherzen
etwas Brunnenkresse
6 EL Olivenöl
Pfeffer
1 Bund Schnittlauch
oder 2 Frühlingszwiebeln
je 1 Hand voll zarte
Liebstöckelblätter und Kerbel
1 EL Balsamico-Essig
1–2 EL scharfer Senf
nach Belieben 125 g Lachs- oder Forellenkaviar

1 Die Kartoffeln in ihrer Schale gar kochen und auskühlen lassen. Den Spargel putzen, schräg in Stücke schneiden, in Salzwasser, das mit Zucker und Butter gewürzt ist, bissfest garen. Radieschen in Scheibchen oder Stifte hobeln. Die Eier hart kochen. Salatherzen bis auf ihr festes Herz entblättern, die schönen Blätter ganz lassen, die Herzen vierteln.

2 Die Kartoffeln pellen, sollten sie nicht wirklich klein, also höchstens walnussgroß sein, halbieren oder sogar vierteln. Ansonsten einfach in Scheiben schneiden. In 2 Esslöffel Öl langsam rundum golden braten. Erst dann salzen und pfeffern.

3 Um den Salat anzurichten die Salat- bzw. Brunnenkresseblätter in einer flachen Schüssel als Bett oder Kranz auslegen. Wer den Salat als Portion anrichtet, bereitet ein Bett aus Salatblättern und Kräutern auf möglichst großen Tellern.

und Lachskaviar

4 Die weiteren Zutaten entweder gleich mit der Marinade vermischen oder einfach so dekorativ gemischt darauf verteilen. Die Radieschenstifte, die geviertelten Eier, die Salatherzen und die warmen Spargelstücke. Auch die Kräuter: Schnittlauch dafür in zweizentimeterlange Stücke schneiden, die übrigen Kräuter zerzupfen.

5 Die Marinade aus Essig, Senf, Salz, Pfeffer und dem restlichen Öl cremig rühren, mit einem Schuss Spargelsud verdünnen und ebenso gleichmäßig wie über die Salatzutaten träufeln.

6 Die Kügelchen vom Lachskaviar darüber streuen – und jetzt den Salat nicht mehr stehen lassen, sondern sofort servieren.

BEILAGE

Dazu vorzugsweise ein krumiges Land- oder Bauernbrot reichen, möglichst noch warm vom Aufbacken.

GETRÄNK

Ein frischer Albariño aus Rias Baixas (Nordwestspanien) oder ein reifer, aber knackiger, säurebetonter Riesling aus deutschen Landen.

Rote Bete

Rote Bete & weiße Rüben

Vom Kellerkind zur Küchendiva

Sie sind einfach bildschön, diese jungen, zarten Kugeln in leuchtend dunklem Weinrot und cremigem Weiß, wenn sie jung geerntet und mit ihrem grünen Blattschopf, zum Strauß gebündelt und verschnürt, auf dem Markt angeboten werden. Wer Rote Bete nur aus dem Glas in einer essigscharfen Marinade kennt, wird ein völlig neues Gemüse entdecken und staunen, was man alles daraus machen kann! Dasselbe gilt natürlich für weiße Rübchen – beide Gemüse sind wirklich zu Unrecht in Vergessenheit geraten.

Der richtige Einkauf

Wichtig ist, dass der Gärtner die Rübchen nicht zu groß und dick werden lässt: Wenn die runden Knollen nur walnuss- bis tischtennisballgroß sind, sind sie besonders zart und knackig. Baby-Rübchen nennt man sie dann gern liebevoll. Und man kann sie dann sogar roh genießen, zum Beispiel geraspelt, als erfrischenden Salat.

Viele glauben, dass rote Rüben (Randen, wie man in Bayern dazu sagt) ein Wintergemüse sind. Sie haben nicht Unrecht: Damit sie eingelagert werden können, hat man rote Rüben immer gern vollkommen ausreifen lassen. Vom Kraut befreit, im feuchten, kühlen und dunklen Keller, hatte man dann tatsächlich den ganzen Winter über davon. Aber von seiner allerbesten Seite zeigt sich das Gemüse eben im Sommer, wenn man die kleinen Knollen frisch aus dem Boden zieht. Dann ist ihr zartes Fleisch ein großes Vergnügen! Meist werden je fünf bis sechs wie Radieschen gebündelt und mit ihrem Laub verkauft – aus dem sich das Gemüse noch einige Tage mit Nahrung und Saft versorgt.

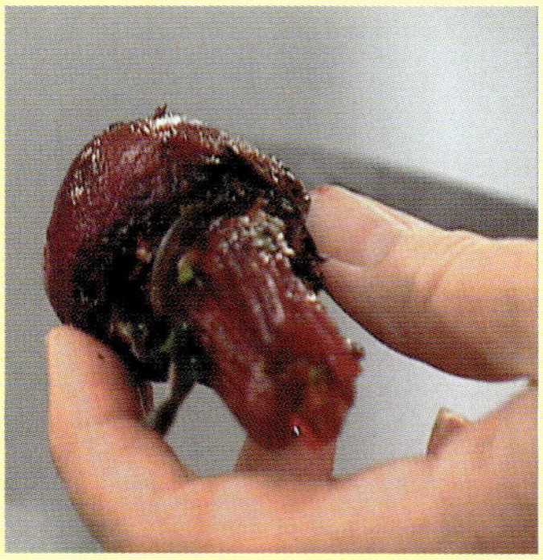

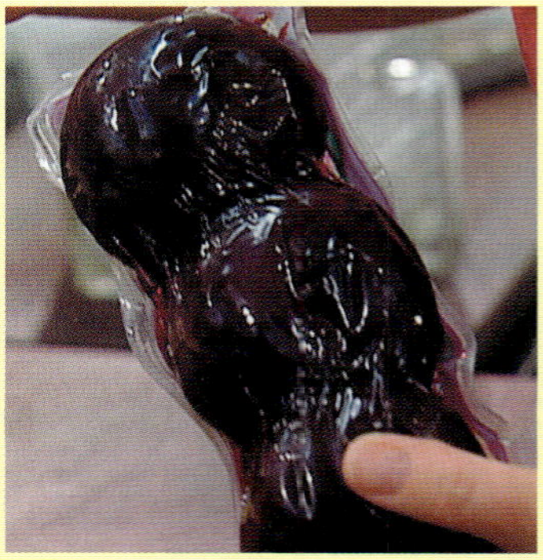

Rote Bete & weiße Rübchen

Aber allzu lange sollte man die Knollen nicht aufbewahren, sie schrumpeln schnell, werden welk und verlieren ihre Knackigkeit. Frische Blätter brauchen nicht auf dem Kompost zu landen, die kleinsten kann man fein geschnitten als würzendes Kraut verwenden. Größere Blätter lassen sich, solange sie zart sind, füllen: mit einer gut gewürzten Hackfleischfarce. Die Päckchen schmecken gebraten und geschmort herrlich, man kann sie auch dämpfen, wobei sie ihre schöne leuchtende Farbe behalten. Und außerdem schmecken sie, ähnlich wie ihr Vetter, der Mangold, gedünstet als Blattgemüse ganz prima.

Weiße Rüben sind ja derart in Vergessenheit geraten, dass man sie jahrelang auf keinem Markt mehr kaufen konnte. Aber gewiss nicht ohne Grund galten bei unseren Urgroßeltern die selbst in Frankreich berühmten Teltower Rübchen als besondere Delikatesse, in Frankreich liebt man noch heute die weißen *navets* mit ihrem lila Kranz als besonders elegantes Gemüse. Dass all diese Rübensorten bei uns so aus der Mode gekommen sind, liegt sicher daran, dass ein falsches Ziel der Gärtner, nämlich möglichst hoher Ertrag, die Knollen groß und dick und derb hat werden lassen, statt sie als Rübchen zu ernten, solange sie noch klein und fein sind.

Deshalb also: Gehen Sie auf den Markt, suchen Sie sich einen Gärtner oder Bauern, der ihren Wunsch nach jungem (zartem!) Gemüse versteht!

Tipps für die Küche

Wer nicht tagelang mit rot eingefärbten Fingern herumlaufen möchte, sollte Einmal-Handschuhe anziehen, bevor er mit Roten Beten hantiert. Ihr Saft haftet unglaublich lange – nicht umsonst nimmt man ihn gern zum Ostereierfärben. Und wer rote Rübchen mit anderem, hellem Gemüse verarbeitet, zum Beispiel geraspelt als Salat, der sollte stets nach Farben trennen, denn die Roten Beten färben sonst gnadenlos alles rot.

Vor dem Kochen sollte man Rote Bete stets gut bürsten, das Laub nicht zu knapp wegschneiden, sondern mindestens zwei Zentimeter hoch stehen lassen und auch das Wurzelschwänzchen nicht kappen: Nirgendwo darf die Schale verletzt werden, sonst blutet die Knolle aus und verliert mit ihrem schönen roten Saft auch alle Kraft. Die Knollen werden also (fast) immer ungeschält gekocht!

Rote-Bete-Saft färbt alles rot! Handflächen wie helle Blusen.

Grundrezepte

Und so hat man schnell eine köstliche Vorspeise fertig: Die gekochten Knollen pellen, in Scheiben schneiden und dachziegelartig auf einer Platte auslegen, mit zerbröckeltem griechischem Schafskäse bestreuen und mit aromatischem Olivenöl beträufeln. Sieht entzückend aus und schmeckt umwerfend gut.
Wer eine größere Menge von Roten Beten braucht – für eine Party etwa – der schichtet die gebürsteten Knollen am besten dicht an dicht in eine Backform und gart sie im 180 Grad heißen Ofen – so wird das Gemüse nicht ausgelaugt, im Gegenteil sogar konzentriert und schmeckt noch intensiver. In Frankreich gart man die Knollen in einem Bett von grobem Meersalz: Dann bleiben sie schön aufrecht stehen und purzeln nicht in der Form herum. Bei uns ist dieses Salz ein ziemlich teurer Luxus; deshalb wird man sich diesen Aufwand meist sparen – es geht ja schließlich auch so...
Inzwischen kann man auch bei uns bereits im Ofen gebackene, gare Rote Beten kaufen. Sie liegen vakuumverpackt im Gemüseregal und sind wunderbar geeignet für einen schnellen Salat, auch für rasch in Butter oder Olivenöl geschwenktes Gemüse.

Was alles in den tollen Knollen steckt!

In jedem Fall ist es ein vitamin- und mineralstoffreiches Gemüse, zum Beispiel steckt viel Kalium drin, eine Menge Phosphor und Eisen. Dieses hilft dem Körper bei der Blutbildung, reichlich Ballaststoffe unterstützen wiederum die Verdauung.

Rote Bete & weiße Rübchen für den Vorrat

Zwar kann man das Gemüse rund ums Jahr kaufen, aber so zart und wohlschmeckend wie im Sommer sind sie im Winter eben leider nicht. Dafür lässt es sich ganz gut einfrieren. Das gekochte Gemüse am besten gewürfelt, so dass man es nach dem Auftauen kurz in Olivenöl oder Butter schwenken kann – mit frischer Minze gewürzt, mit Liebstöckel oder einem anderen würzigen Kraut, schmeckt es dann wie frisch. Gut geeignet fürs Einfrieren ist auch das Püree von gekochter Roter Bete oder weißen Rübchen. Dann hat man schnell die Basis einer Suppe zur Hand.

Welche Gewürze am besten passen

Das ausgeprägte Aroma der roten wie der weißen Rübchen verträgt deutliche Gewürze: Besonders gut passt Piment mit seinen vielseitigen Düften – nicht umsonst heißt Piment auch Allgewürz, auf französisch noch präziser quatre-épice, also Vier-Gewürz. Denn es duftet sehr eindeutig nach Pfeffer, Nelke (häufig sagt man bei uns auch Nelkenpfeffer), Muskat und Zimt. Exzellent zur Roten Bete passt auch Schärfe – in Form von frischem oder getrocknetem Chili beziehungsweise Cayennepfeffer, selbst Senf oder Meerrettich können für einen Kick sorgen.
Süße gibt manchmal eine neue Dimension – damit ist nicht nur die Zuckerprise gemeint, die das erdige Aroma hebt. Gut ist auch zum Beispiel ein wenig Honig in der Salatmarinade oder karamellisierter Zucker, wenn man Rote Bete als Gemüse dünstet.
Besonders apart ist Orangenschale als Gewürz, etwas Orangenkonfitüre beim Dünsten ergibt eine interessante Kombination.
Und ganz wichtig ist bei Roter Bete ein Schuss Säure, um den Geschmack aufzufrischen, dem erdigen Aroma einen gewissen Kick zu verleihen. Am besten mit Zitronensaft oder Essig von gewünschter Intensität und mit einem besonderen Aroma, zum Beispiel Himbeer-, Birnen- oder Apfelessig.
Ganz Ähnliches lässt sich auch zu den weißen Rübchen sagen, hier wird man allerdings mit dunklen Gewürzen vorsichtig sein, damit die dunklen Pünktchen nicht so sehr stören. Statt des schwarzen Pfeffers ist hier der weiße angesagt. Und statt des dunklen Piments empfiehlt sich Muskat und/oder Muskatblüte.

Rote-Bete-Kartoffelpuffer mit Kräuterschmand und

Sie sehen bildschön aus und sind eine originelle Abwechslung: Knusprige Puffer aus geraffelten Kartoffeln, die mit Roter Bete vermischt sind. Man kann zusätzlich eine Zwiebel für den kräftigeren Geschmack mitreiben. Und gewürzt wird reichlich mit einer Mischung aus Piment, Pfefferkörnern, Chili und Salz, die im Mörser pulverfein zerrieben werden.

1 Kartoffeln und Rote Bete für die Puffer schälen und auf der feinen Reibe raffeln, mit Zitronensaft und Eiern durchmischen. Die Gewürze im Mörser fein zerreiben, den Pufferteig damit würzen.

ZUTATEN

Für vier Personen:

Puffer:

1 kg Kartoffeln
300 g Rote Bete
eventuell 1 Zwiebel
1 EL Zitronensaft
2 Eier
je 1/2 TL Pimentkörner, Pfefferkörner und Salz
1 Stück Macis (oder 1/2 TL pulverisierte Muskatblüte)
1–2 getrocknete kleine Chilis
Öl oder Schmalz zum Backen

Kräuterschmand:

200 g Frischkäse
2 EL saure Sahne oder Buttermilch
Salz, Pfeffer
1 EL Zitronensaft
1 Tasse fein gehackte Kräuterblätter

Zweifarbiger Rübensalat:

5 EL Apfelessig
5 EL Olivenöl
Salz, Pfeffer
1 EL Apfelbalsamessig
1 TL Honig
je 300 g weiße und rote Rübchen
Schnittlauch und frische Minze

TIPP

Es ist Geschmackssache, ob Sie zum Raffeln die feine Reibe nehmen, die aus den Roten Beten und Kartoffeln fast Mus macht, oder den Streifenhobel, der den Puffern einen gewissen Biss belässt. In letzterem Fall müssen die Puffer auf mildem Feuer sehr langsam braten, damit die streichholzfein geschnittenen Gemüse auch tatsächlich gar werden!

zweifarbigem Rübensalat

2 In einer Pfanne Öl oder Schmalz erhitzen, je eine kleine Kelle Pufferteig darin zu einem handtellergroßen Puffer ausstreichen und langsam auf beiden Seiten knusprig backen. Diese Puffer schmecken am allerbesten frisch aus der Pfanne.

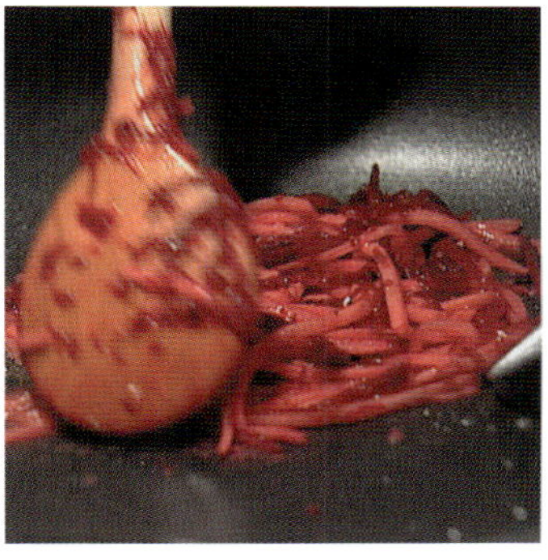

3 Für den Kräuterschmand die Zutaten miteinander glatt rühren und abschmecken.

4 Für den zweifarbigen Salat in zwei Schüsseln jeweils eine Marinade anrühren: Für die helle Marinade 3 Esslöffel Essig mit Salz und Pfeffer verrühren, 3 Esslöffel Öl mit einem Schneebesen unterschlagen. Für die dunkle Marinade die beiden übrigen Löffel Essig mit Balsamessig, Honig, Salz und Pfeffer und schließlich dem restlichen Öl aufschlagen. Die Rüben getrennt raffeln und jeweils damit anmachen. Die Kräuter untermischen.

GETRÄNK

Zu diesem einfachen, fixen kleinen Essen passt ein kühles Pils wunderbar!

Cremesuppe von roten und weißen Rüben

Herrlich schmeckt diese Suppe! Wir haben sie als Rote-Bete-Suppe in Österreich kennen und lieben gelernt, im Laufe der Zeit ein bisschen weiterentwickelt. Hier bereiten wir sie getrennt aus weißen und roten Rüben zu und lassen sie erst im Teller sorgsam ein wenig ineinander fließen. Das sieht umwerfend und sehr verblüffend aus! Übrigens kann man die Suppen auch gut in größeren Portionen zubereiten, getrennt eingefroren hat man einen wunderbaren Vorrat für die nächsten Gäste...

ZUTATEN

Für vier Personen:
2 Zwiebeln
4 Knoblauchzehen
2 mittelgroße Kartoffeln
3 EL Butter
300 g Rote Bete
300 g weiße Rübchen
ca. 1 l Brühe
Salz, Pfeffer
3 Pimentkörner
1 kleine Chilischote
Muskat oder Muskatblüte
1/8 l Sahne
Brühe zum Auffüllen
Zucker
Balsamessig
Zitronensaft
frische Kräuter

1 Zwiebeln, Knoblauch, Kartoffeln würfeln, je zur Hälfte in zwei getrennten Töpfen in Butter andünsten.

2 Die Rübchen schälen, ebenfalls würfeln und in die beiden Töpfe (beide Farben getrennt) verteilen. Mit jeweils der Hälfte der Brühe auffüllen. Salzen und pfeffern.

3 Die Roten Beten mit den im Mörser fein zerriebenen Pimentkörnern und der Chilischote

Praktisch ist, wenn man zwei Mixbecher für seine Küchenmaschine hat (gibt's im Haushaltsgeschäft als Zubehör). Dann kann man bis kurz vor dem Servieren die beiden Suppen im Mixer lassen, in der Mikrowelle rasch erhitzen und nochmals richtig aufmixen, bevor man sie direkt aus dem Mixbecher in die Suppenteller gießt.

sowie 2 Lorbeerblättern, die weißen Rübchen mit Muskat oder Muskatblüte und, wenn vorhanden, 2 Salbeiblättern würzen.

4 Sobald das Gemüse weich ist, alles jeweils fein pürieren, dabei die Hälfte der Sahne unter beide Pürees mixen. Eventuell mit Brühe auf die gewünschte Cremesuppenkonsistenz verdünnen.

5 Die Rote-Bete-Suppe bekommt mit der Sahne ein leuchtend schrilles Pink, auch mildert die Sahne ein wenig den Erdgeschmack.

6 Beide Cremesuppen unbedingt abschmecken: Mit Salz, einer Prise Zucker und vor allem mit Säure. Einige Tropfen Balsamessig tun der Rote-Bete-Suppe gut, für die helle Cremesuppe lieber einige Spritzer Zitronensaft nehmen, damit die schöne Farbe erhalten bleibt.

7 Auf jede Hälfte Kräuter streuen: Auf die rote Seite passt Schnittlauch, in feinen Röllchen (**Tipp:** mit der Schere direkt über dem Teller schneiden!). Die helle Hälfte mit Streifen von Liebstöckel, glatter Petersilie oder frischer Minze schmücken.

TIPP

Zum Servieren die beiden verschiedenen Suppen aus zwei Kannen gleichzeitig in einen Teller gießen, so dass eine Hälfte weiß, die andere rot ist. Mit einem Löffel kann man jetzt die Farben behutsam verrühren, damit sie wie Schlieren ineinander verlaufen. Besonders praktisch, wenn Gäste bewirtet werden: Die Suppe steht fix und fertig in den beiden Kannen im Kühlschrank bereit. Vor dem Servieren braucht man sie nur noch in der Mikrowelle rasch erhitzen und mit dem Pürierstab einmal kurz luftig aufschlagen.

GETRÄNK

Dazu passt glänzend ein halbtrockener Sherry, etwa Amontillado oder Oloroso, oder ein Portwein.

Rote-Bete-Gratin

Ein origineller Auflauf, der sich bequem vorbereiten lässt. Ideal, wenn Sie für eine Gästerunde kochen. Sie können ihn zum Beispiel fix und fertig vorbereitet ins Rohr schieben, bevor Sie zum Spaziergang aufbrechen. Wenn Sie dann hungrig zurückkehren, duftet es bereits verlockend aus der Küche. Wenn Sie nicht sicher sind, ob Sie nach der Stunde Garzeit, die Sie eingestellt haben, wieder zurück sind, können Sie den Gratin auch ruhig bei geringerer Hitze (ca. 150 Grad) und dafür doppelt so lange backen.

1. Rote Bete, Kartoffeln und Zwiebeln schälen, in gleich starke Scheiben hobeln und abwechselnd in eine dick ausgebutterte Gratinform schichten, dabei salzen, pfeffern, mit Cayenne und Muskat würzen und Würfel von Gorgonzola oder Roquefort dazwischen verteilen.

2. Sahne und Milch aufkochen, über das Gemüse gießen, die Flüssigkeit sollte gerade eben knapp unter der Oberfläche stehen.

3. Weil die Flüssigkeit zum Schluss brodelnd kocht und emporsteigt, muss man unbedingt eine ausreichend hohe Form nehmen, die dem Gemüse genügend Platz bietet!

4. Großzügig Butterflöckchen auf der Oberfläche verteilen. Den Auflauf bei 220 Grad eine Stunde backen, bis alles brodelt und das Gemüse weich ist.

ZUTATEN

Für sechs Personen:
1 kg Kartoffeln
600 g Rote Bete
2 große Zwiebeln
Butter für die Form
und für Flöckchen
Salz, Pfeffer, Muskat
Cayennepfeffer
250 g Gorgonzola
oder Roquefort
1/4 l Sahne
1/2 l Milch

Man schont die Fingerspitzen, wenn man einen Restehalter beim Gemüsehobeln benutzt. Falls der nicht zur Hand ist, hilft eine Gabel, mit der Rundung zur Zwiebel in den Wurzelstrunk gesteckt. Die Gemüse entweder nach Sorten getrennt einschichten oder beherzt mischen – die Rote Bete wird ohnehin mit ihrer Farbe alles übertönen.

TIPP

Man kann dasselbe mit weißen Rübchen zubereiten oder natürlich auch mit beiden Sorten gemischt.

GETRÄNK

Ein Rotwein, etwa eine Lemberger Spätlese aus Württemberg, die dem erdigen Aroma des Gemüses Widerpart bieten kann, oder eine Cuvée (wie man eine Komposition aus verschiedenen Rebsorten nennt) aus Österreich, wo man gern Lemberger (der dort Blaufränkisch heißt) mit Zweigelt mischt, eventuell sogar noch Blauburgunder und Cabernet Sauvignon zufügt. Das Ergebnis sind gehaltvolle Weine von tiefroter Farbe, die rund und üppig sein können, aber dank eines Rückgrats aus Gerbstoff nicht weich sind.

Gelee von Roter Bete mit Meerrettichschaum

In einem Cocktailglas serviert eine elegante Vorspeise, zu einem festlichen Anlass eventuell sogar mit Graved Lachs und seinem Kaviar gekrönt – damit lässt sich auch der mäkeligste Feinschmecker überzeugen. Das Beste daran ist: Es lässt sich fabelhaft vorbereiten! Zum Servieren bekommt jede Portion ein Häubchen aus Sauerrahm, Crème fraîche und Meerrettich, aufgelockert mit etwas steif geschlagener Sahne. Das sieht entzückend aus und ist in einem sommerlich leichten Menü ein schöner Auftakt.

ZUTATEN

Für vier Personen:
1/4 l kräftiger Hühnerfond
(selbst gemacht oder Glas)
1 Knoblauchzehe
je 1/4 TL Kümmel,
Korianderbeeren,
Pfefferkörner
1 Chilischote
Salz, Zucker
250 g Rote Bete
1 EL Zitronensaft
2 TL Balsamessig
1 Blatt Gelatine

Meerrettichhäubchen:
100 g saure Sahne
2 EL Crème fraîche
2 EL geriebener Meerrettich
(frisch oder aus dem Glas)
Zitronensaft
Salz, Pfeffer
Cayennepfeffer
1 Blatt Gelatine
1/8 l süße Sahne

Außerdem:
1 kleines Glas Lachs- oder Forellenkaviar

1 Die Hühnerbrühe mit den Gewürzen (Knoblauch, Kümmel, Korianderbeeren, Pfeffer und Chili) 10 Minuten leise köcheln, mit Salz und Zucker würzen. Die Roten Beten schälen und in zentimeterkleine Würfel schneiden. Den Sud durch ein Sieb filtern. Die Rote-Bete-Würfel darin in 10 Minuten weich köcheln.

2 Die Gelatine in kaltem Wasser einweichen. Vom Sud 200 ml abmessen, ihn nochmals sehr kräftig abschmecken (im erstarrten Zustand geht eine Menge Würze verloren!), mit Zitronensaft und der Hälfte des Balsamicos fein säuerlich würzen und schließlich die ausgedrückte Gelatine darin auflösen.

TIPP

Nach Belieben mit einem Löffel Lachskaviar, auch mit einem Scheibchen Graved Lachs oder einem Stück Matjes dekorieren.

3 Die gekochten Rote-Bete-Würfel mit etwas Balsamico vermischen und in hübschen Portionsgläsern verteilen. Mit dem Sud bedecken, über Nacht im Kühlschrank erstarren lassen.

4 Dafür am besten auf ein Tablett stellen, die Gläser unbedingt mit Klarsichtfolie zudecken, damit das Gelee keine fremden Geschmäcke annimmt.

5 Für das Meerrettichhäubchen saure Sahne und Crème fraîche mit Meerrettich, Zitronensaft, Salz, Pfeffer und Cayennepfeffer würzen. Die eingeweichte und in einem Löffel Milch oder saurer Sahne geschmolzene Gelatine unterrühren. Zum Schluss die steif geschlagene süße Sahne unterziehen. Über das inzwischen fest gewordene Gelee verteilen und zum Erstarren wieder in den Kühlschrank stellen.

GETRÄNK

Zur eleganten Vorspeise gehört natürlich auch ein eleganter Begleiter, eine Riesling Spätlese etwa, natürlich trocken, zum Beispiel aus der Pfalz, wo man als so genanntes Großes Gewächs üppige Weine von erstklassigen Lagen findet, die genügend runden Schmelz bieten, um mit der Süße der Roten Bete zurechtzukommen.

Spitzkohl & Wirsing

Spitzkohl & Wirsing

Kohl in seiner feinsten Form

Kohlköpfe findet man auf dem Markt rund ums Jahr in allen Formen und Farben, in den unterschiedlichsten Größen und vielerlei Arten: Diesmal interessieren uns nur die Spitzkohlköpfe mit ihren hellen beziehungsweise hellgrünen Blättern und der strotzende runde Wirsing, außen vornehm dunkelgrün und innen zum Herz hin strahlend gelb. Wenn man jedoch Kohl als Sommergemüse betrachtet, fällt merkwürdig auf, dass man oft bei uns viele Gemüse immer erst dann gegessen hat, wenn sie ihren geschmacklichen Zenit bereits hinter sich hatten. Das war zu jenen Zeiten, da man auch zuerst das alte Brot aufessen musste, bevor man das frische anschneiden durfte. Und bis es dann endlich erlaubt war, war das neue Brot leider auch alt geworden...

Der Grund: Kohl war eines der wenigen Gemüse, die sich in einem guten Keller problemlos über den Winter hinweg aufbewahren ließen und so auch in kargen Zeiten für Vitamine sorgten. Deshalb glauben viele Menschen, es handle sich um ein Wintergemüse. Dabei haben sowohl Wirsing wie der herrliche Spitzkohl ihren absoluten Höhepunkt im Sommer. Dann sind die Blätter nicht fest, faserreich und störrisch, sondern zart, von vollendet sanftem Biss.

Kohl ist in der ganzen Welt beliebt. Deshalb haben wir für unsere Rezepte mal wieder über die Grenzen geblickt und geguckt, was man anderswo mit Kohl anstellt.

Warenkunde

Leider hat der arme Kohl ja in Feinschmeckerkreisen gar keinen guten Ruf. Mit »Kraut & Rüben« bezeichnet man nicht von ungefähr ein ziemliches Durcheinander. Und wenn man vom Arme-Leute-Geruch spricht, der in irgendeinem Hausflur herrscht, dann ist strengster Kohlduft damit gemeint. Das ist ungerecht. Denn Kohl ist delikat, kann wunderbar schmecken und muss durchaus nicht unangenehm riechen! Vor allem, wenn man den Kohl isst, solange er jung und zart ist und mit geringen Garzeiten auskommt.

»Kohl muss kochen, dass ihm die Schwarte kracht«, heißt es – das mag ja für den robusten Winterkohl zutreffen, junger Sommerkohl jedenfalls bedarf weder der kräftigenden Schweineschwarte noch überlanger Kochzeiten.

Beim **Wirsing** schließen sich die Blätter locker zum Haupt zusammen, so dass man – eine der einfachsten und doch delikaten Zubereitungen – ihn einfach nur zu vierteln braucht, um ihn für eine herrliche Beilage kurz zu dünsten. Im Winter, wenn die Blätter dicker sind und eng zusammengewachsen, muss man das Kraut fein schneiden und mit reichlich Fett lange schmoren, um die Fasern aufzuschließen und den Kohl besser verdaulich zu machen. Für viele ist deshalb Wirsinggemüse mit Speckgeschmack verbunden. Dabei braucht er diese stärkende Begleitung wirklich nicht, solange er jung ist.

Der **Spitzkohl** ist in den letzten Jahren immer beliebter geworden, gerade weil er im Sommer so wunderbar lockere, leichte Köpfe liefert. Ursprünglich handelte es sich um eine Sorte, die man rund um Stuttgart für die Sauerkraut-

produktion anbaute. Inzwischen aber haben auch die Gärtner anderswo entdeckt, dass diese hübschen spitzen Köpfe gut zu verkaufen sind. Die süßen, zarten Blätter sind rasch in der Pfanne oder im Wok gebraten, eine Prise Zucker verstärkt den milden Geschmack und eine Spur Cayennepfeffer gibt den richtigen Pfiff.

Beim Einkauf

Die frisch zu genießenden Sommer-Kohlköpfe sind nicht so fest geschichtet, wie man das von den Herbst- und Wintervarianten kennt. Trotzdem sollen die Köpfe stabil sein, die Blätter müssen sich knackig anfühlen, sie quietschen geradezu, wenn man sie aneinander reibt. Welke Außenblätter verraten, dass die Ernte bereits einige Zeit her ist und dass die Köpfe nicht besonders liebevoll gelagert wurden. Denn in einer kühlen Atmosphäre mit hoher Luftfeuchtigkeit – in einem guten Keller oder Kühlhaus also – bleiben auch Sommerwirsing und Spitzkohl einige Wochen frisch. Der häusliche Kühlschrank aber sollte nur Durchgangsstation sein. Und wer den ganzen Kohlkopf nicht auf einmal schafft, sollte den Rest locker in ein feuchtes Tuch hüllen, bevor er ihn ins Gemüsefach legt. So bleibt er noch gut eine Woche knackig.

In der Küche

Weil er nicht so eng geschichtet und fest geschlossen ist, muss das Messer, mit dem man einen solchen Kohlkopf durchschneidet, nicht ganz so riesig und stabil sein. Wenn man sich nicht von außen, Blatt für Blatt, bis zum Kohlherz durcharbeitet, ist der Schnitt durch die Mitte der beste Weg, den Kohlkopf küchenfertig zu machen. Aus den Hälften lassen sich leicht die harten Strunkteile herausschneiden – sehr umfangreiche Köpfe muss man sogar vierteln. Sobald die dicken Strunkstücke entfernt sind, werden die Blätter je nach Rezept in Streifen (für Gemüse oder Füllungen) oder in Quadrate beziehungsweise Flecken geschnitten. Wenn man die schöne leuchtend grüne Farbe erhalten will, vor allem beim Wirsing, empfiehlt es sich, die Blätter zu blanchieren: in sprudelnd kochendes Salzwasser werfen, rasch wieder herausheben oder abgießen und in eiskaltem Wasser abkühlen. Das stoppt den Garprozess und stabilisiert Farbpigmente und Vitamine. Fest ineinander verwachsene Blätter lassen sich nur lösen, indem man den gesamten Kopf ins kochende Wasser taucht, bis die Blätter von außen nachgiebig und formbar geworden sind. In Eiswasser abgekühlt, kann man sie dann unverletzt abtrennen. Übrigens: Es sollten wirklich Eiswürfel im Wasser dafür sorgen, dass die Temperatur ausreichend kalt ist – der heiße Kohl erwärmt das Wasser sonst zu rasch und der Effekt des Abschreckens ist nicht mehr gewährleistet.

Und was steckt alles drin?

Der schlechte Ruf des armen Kohls hat auch mit seiner Nachwirkung zu tun. Böse Winde soll er verursachen, schwer verdaulich sein. Noch mal: All dies trifft für den zarten jungen Kohl nicht zu. Stattdessen bringt er viel Gutes: Reichlich Mineralstoffe, darunter vor allem Kalium, und mehr Vitamin C als so manches als Vitamin-C-Bombe gepriesene Obst.

Österreichischer Krautstrudel

Inzwischen kann man den Teig fertig kaufen, es gibt ihn aufgerollt oder zum handlichen Päckchen zusammengelegt im Kühlregal. Falls man den nicht findet, kann man stattdessen durchaus auch Börek- oder Yufkateig aus dem türkischen Laden verwenden. Aber ehrlich gesagt: Strudelteig ist ganz leicht und schnell gemacht. Allerdings braucht man dafür unbedingt ein besonderes Mehl: In Österreich hat man dafür das so genannte griffige *Mehl. Es hat eine gröbere Struktur, fasst sich tatsächlich griffiger an, entwickelt im Teig eine bessere Elastizität. Am besten im Internet oder im Telefonbuch nach der nächstgelegenen Mühle schauen. Oder vom nächsten Urlaub aus Süddeutschland oder Österreich mitbringen. Notfalls kann man es durch so genanntes Instantmehl ersetzen, das eigentlich überall zu finden sein müsste.*

ZUTATEN

Für sechs Personen:
200 g griffiges Mehl
1/2 TL Salz
1 EL Olivenöl
knapp 1/8 l lauwarmes Wasser

Füllung:
1 kleiner Wirsing oder Spitzkohl (ca. 700 g)
2 Zwiebeln
3–4 Knoblauchzehen
50 g Butter
Salz, Pfeffer
1 gehäufter EL Delikatesspaprika
außerdem zur Wahl:
1/2 TL Kümmel oder reichlich frisch geriebene Muskatnuss oder je 1/2 TL Piment, Wacholder- und Korianderbeeren
250 g Topfen oder Schichtkäse
150 g gekochter Schinken in Scheiben
nach Belieben

Kapernsauce:
2 Zwiebeln
1 Knoblauchzehe
2 EL Butter
1 gestrichener TL Mehl
1/2 l Brühe
Zitronenschale
Salz, Pfeffer
100 g Sahne
Muskat
50 g Kapern
Zitronensaft

1 Mehl, Salz, etwas Öl und lauwarmes Wasser mit einer Gabel mischen, dann mit den Händen zum glatten Teig kneten. Den Teigkloß unter einer heiß ausgespülten Schüssel ruhen lassen – in der dämpfigen Atmosphäre entwickelt er seinen Kleber und wird besonders elastisch.

2 Diese Ruhezeit in der Wärme ist wichtig, sonst entwickelt der Teig nicht die nötige Elastizität und reißt beim Ausziehen.

3 Unterdessen für die Füllung den Wirsing putzen, den Kopf halbieren, quer in Streifen schneiden. Die Zwiebeln in feine Ringe schneiden, den Knoblauch fein hacken. In der heißen Butter andünsten, das Kraut zufügen und mitdünsten. Erst wenn alles glänzt, das Paprikapulver darüber stäuben und gründlich unterrühren. Es sorgt übrigens nicht nur für eine schöne Farbe, sondern gibt auch eine gewisse Bindung. Nach Gusto würzen: Ganz nach Vorliebe entweder mit Kümmel und Muskat oder einer Mischung aus Korianderbeeren, Piment und Wacholderbeeren, die im Mörser zerrieben werden. Bitte nicht mit allem zugleich!

4 Den Topfen beziehungsweise Schichtkäse unterdessen in einem mit Küchenpapier ausgelegten Sieb gründlich abtropfen lassen. Das sollte man ruhig schon ein paar Stunden vorher oder sogar am Vorabend tun.

5 Wer gekochten Schinken in die Füllung stecken möchte, schneidet ihn in Streifen oder Würfel in der gewünschten Größe.

6 Schließlich wird der Teig ausgezogen, so dünn wie nur irgend möglich. Unbedingt auf einem großen Tuch, das die Arbeitsfläche bedeckt. Das Tuch mit Mehl bestauben, dann den Teigkloß zuerst mit dem Nudelholz ausrollen, später mit den Händen behutsam in alle Richtungen ziehen und über den Handrücken dehnen, bis der Teig so dünn ausgezogen ist, dass man das Stoffmuster darunter deutlich erkennen kann. (Man sollte die sprichwörtliche Zeitung darunter lesen können!)

7 Die gesamte Teigfläche mit zerlassener Butter bestreichen. Den etwas abgekühlten Kohl mit Topfen (oder Schichtkäse) und eventuell Schinkenstreifen mischen und nochmals abschmecken. Diese Füllung auf der Längsseite der Teigfläche, jedoch nur bis zu ihrer Mitte verteilen.

8 Von der mit Füllung belegten Seite her das Tuch anheben und den Teig aufrollen. Die Rolle lässt sich mithilfe des Tuchs bequem zum Blech transportieren; dort mit einem kleinen Schubs die Rolle vom Tuch auf das Blech rollen, dabei die Nahtstelle möglichst nach unten betten.

9 Den Strudel zu einem Hörnchen biegen, darauf achten, dass die Enden gut eingeschlagen sind, damit nichts von der Füllung herausfließen kann.

10 Den Teig gleichmäßig mit Butter oder Öl einpinseln und im vorgeheizten Ofen bei 200 Grad etwa 35 Minuten schön knusprig backen.

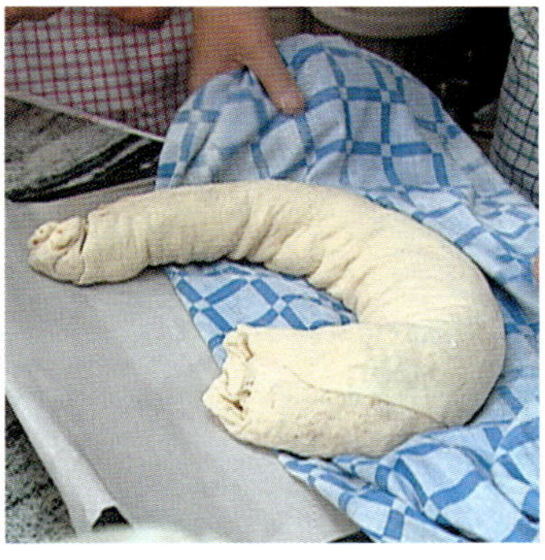

11 Unterdessen die Sauce zubereiten: Zwiebeln und Knoblauch schälen, hacken und in Butter andünsten. Nur einen winzigen Hauch Mehl darüber stäuben und durchrösten, nicht bräunen. Brühe angießen, mit Salz, Pfeffer, einem Stück Zitronenschale und reichlich Muskat würzen. Zugedeckt 20 Minuten köcheln. Die Sauce glatt mixen und mit einem Schuss Sahne aufschlagen. Erst jetzt die Kapern zufügen und noch einmal mit Zitronensaft und nach Belieben mit einem Schuss Weißwein abschmecken.

TIPP

In Strudelteig lässt sich buchstäblich alles packen. Süß oder salzig, Obst, Gemüse, sogar eine Farce aus Fisch oder Hackfleisch lässt sich einwickeln. Wichtig ist stets, dass die Füllung nur einen Streifen von höchstens einem Drittel der Fläche bedeckt, damit beim Aufrollen mehrere Schichten Teig übereinander zu liegen kommen. Wenn diese dann schön durch flüssige Butter oder Öl voneinander getrennt sind, werden sie beim Backen duftig und knusprig. Es lassen sich im Übrigen sogar Reste im Strudelteig so elegant verstecken, dass garantiert niemand argwöhnen wird, er würde mit Überbleibseln abgespeist.

GETRÄNK

Dazu gehört natürlich ein gehaltvoller Wein, zum Beispiel aus Österreich, aus dem Kamptal etwa oder aus der Wachau. Es muss ja nicht der teure Smaragd eines Kultwinzers aus der Wachau sein, ein einfacher Grüner Veltliner aus dem Weingut Loimer ist genau richtig.

Griechische Dolmades

Ein Rezept, das wir kürzlich in Griechenland schätzen gelernt haben: Diese kleinen Röllchen aus Weißkohl, gefüllt mit einer saftigen Reisfüllung, sind warm wie kalt ein unwiderstehlicher Leckerbissen – gut zum Aus-der-Hand-Essen bei einem Glas Wein! In Griechenland nimmt man als Hülle für die Röllchen auch gern Weinblätter – wir finden sie jedoch mit diesem zarten Kohlmantel noch hinreißender.

ZUTATEN

Für sechs Personen:
1 Spitzkohlkopf (ca. 800 g)
Salz
2 Zwiebeln
1/8 l Olivenöl
4 Knoblauchzehen
1 Tasse Reis
Saft von 1 Zitrone
2 EL Sultaninen
oder Korinthen
50 g Pinienkerne
Salz, Pfeffer
Muskatblüte
Chiliflocken oder
Cayennepfeffer
frische Minze
gut 1/4 l Gemüse-
oder Fleischbrühe
Zitronensauce:
2 Eigelb, 1 ganzes Ei
1 TL Speisestärke
Saft von 2 Zitronen
ca. 1/8 l Fleischbrühe
Salz, Pfeffer

1 Den Spitzkohlkopf in einzelne Blätter zerlegen. Dafür einen großen Topf mit kochendem Salzwasser auf dem Herd bereithalten. Darin taucht man immer wieder, wenn es nötig ist, den gesamten Kopf hinein, anschließend in Eiswasser, damit man die äußeren, nunmehr weichen Blätter ablösen kann. Sie werden darin aufbewahrt, bis sie endgültig abgekühlt sind.

2 Für die Füllung die Zwiebeln hacken, im heißen Öl andünsten, Knoblauch durch die Presse zufügen, weich dünsten, aber nicht bräunen. Die rohen Reiskörner unterrühren, ebenso Zitronensaft, Korinthen und Pinienkerne. Mit Salz, Pfeffer, Chiliflocken oder Cayennepfeffer würzen. Etwas abkühlen lassen und reichlich gehackte Minze untermischen. Die Masse sehr kräftig abschmecken – bis der Reis aufgequollen sein wird, hat er eine Menge Würze geschluckt!

3 Je einen Esslöffel Füllung in ein Blatt wickeln, dabei zunächst die Enden einschlagen, damit nichts herausquellen kann. Die Röllchen nicht zu fest wickeln, damit sie nicht platzen, wenn der Reis aufquillt.

TIPP

Für dieses Gericht empfiehlt sich ein gutes griechisches Olivenöl, das schwerer ist, weicher und süßer als das Öl aus der Toskana.

4 Die Röllchen dicht an dicht in einen Topf schichten, mit Öl beträufeln, mit Zitronensaft würzen und mit Brühe knapp bedecken. Einen Teller auf die Oberfläche legen, um die Röllchen zu beschweren.

5 Aufkochen, dann auf kleinste Stufe schalten und die Dolmades etwa 35 bis 40 Minuten ziehen lassen. Sie haben dann nahezu alle Flüssigkeit aufgesogen, sind dick und prall und glänzen.

6 Dazu gibt's Zitronensauce: Dafür Eigelb und das ganze Ei mit Stärke glatt quirlen, den Zitronensaft und schließlich die heiße Fleischbrühe unterrühren. Alles in einem Topf auf mittleres Feuer stellen, unter ständigem Schlagen erhitzen, bis die Sauce dicklich wird. Nicht richtig kochen lassen, weil sonst die Eigelb gerinnen und die Sauce nicht mehr binden können. Man kann sie wie die Röllchen warm, aber auch kalt essen! Vor dem Servieren mit Salz und Pfeffer abschmecken.

GETRÄNK

Griechischer Wein – es muss ja nicht unbedingt Retsina sein – oder ein anderer mediterraner Wein, weiß oder rot, warum nicht sogar rosé?

Käsesuppe Valpelliner Art

Eigentlich eher ein Auflauf als eine Suppe, er wird jedoch mit dem Löffel gegessen und ist eine außerordentlich kräftige Angelegenheit. Schließlich stammt das Rezept aus den Bergen im Aostatal, wo die Senner stärkende Nahrung brauchten und nur das verwenden konnten, was sie oben auf ihrer Alm hatten.
Dort hatten sie natürlich ihr festes Bauernbrot aus weiß ausgemahlenem Hartweizenmehl. Mit großen Poren, weil man den Teig sehr langsam hat gehen lassen. Dieses Weißbrot kann man auch bei uns in den Geschäften kaufen, in denen sich unsere italienischen Mitbürger versorgen. Denn es gibt auch hierzulande gottlob italienische Bäcker, die mit ihren eigenen, aus Italien importierten Zutaten Brot nach ihren traditionellen Rezepten backen. Unser übliches Weißbrot bietet nicht genügend Kraft, es löst sich in diesem Auflauf total auf.

ZUTATEN

Für vier bis sechs Personen:
1 Wirsingkopf von ca. 1 kg
Salz, 1 große Zwiebel
4 EL Butter, Pfeffer, Muskat
6 Scheiben Weißbrot (vom Vortag)
200 g Fontinakäse in Scheiben
ca. 1/2 l Fleischbrühe

1 Den Wirsing in Blätter teilen, in kochendem Salzwasser blanchieren, abschrecken, ausdrücken und in breite Streifen schneiden. Die Zwiebel fein würfeln und in der heißen Butter weich dünsten. Wirsing zufügen, mit Pfeffer und Muskat würzen, einige Minuten dünsten.

2 Eine Auflaufform mit Butter ausstreichen, mit der Hälfte der Brotscheiben auslegen, die Hälfte des Gemüses darauf verteilen und die Hälfte des Käses. Die restlichen Zutaten ebenso einschichten. Schließlich alles mit der Brühe übergießen. Im 180 Grad heißen Backofen etwa 40 Minuten backen, bis alles brodelt und der Käse golden glänzt.

Fontinakäse aus dem Aostatal ist halbfest, das heißt wirkt immer ein wenig weich, lässt sich nicht reiben wie ein Parmesan, sondern muss eher gewürfelt werden. Er schmilzt vollkommen und schmeckt angenehm würzig, aber nicht zu intensiv.

TIPP

Man kann für jeden Gast eine eigene Portionsform füllen – es ist hübsch, wenn jeder seine eigene Schüssel bekommt. Und es ist vor allem in der Familie praktisch, wenn nicht alle zur selben Zeit am Tisch erscheinen können.

GETRÄNK

Ein warmtöniger, weicher Rotwein, in diesem Fall am liebsten natürlich aus dem Aostatal.

Spitzkohl aus dem Wok

Natürlich lässt sich so zartes Gemüse fabelhaft pfannenrühren. Zum Beispiel mit Entenbrust. Wir verwenden für das Pfannenrühren nur das magere Fleisch, die fette Haut verwandeln wir in appetitliche Kruspeln. Die werden über das fertige Gericht gestreut und geben ihm einen verblüffenden und überaus wohlschmeckenden Biss. Beim Kauf der Entenbrust ist zu beachten: Es werden die ausgelösten Brüste von weiblichen und von männlichen Tieren angeboten. Die männlichen sind etwa doppelt so groß, aber auch längst nicht so fein im Geschmack wie die weiblichen.

ZUTATEN

Für vier Personen:

1 große (männliche, ca. 400 g) oder 2 kleinere (weibliche, à 200 g) ausgelöste Entenbrust
4 getrocknete Tongupilze oder 1 EL Wolkenohrpilze
1 gehäufter TL Speisestärke
1 walnussgroßes Stück Ingwer
3 Knoblauchzehen
1–2 Chilis (frisch oder getrocknet)
1 kleiner Spitzkohlkopf
Salz, Pfeffer, Zucker
2 EL Sojasauce
2 EL Sherry
Koriandergrün
Thaibasilikum nach Gusto

1 Die Vorbereitungen kann und sollte man bereits lange vor dem Essen erledigen: Zunächst die Haut von der Brust ablösen und mit einem gut geschärften Messer in feine Würfel schneiden. Im heißen Wok auf mittlerem Feuer auslassen, bis die Würfel knusprig sind. Durch ein Sieb das ausgebratene Entenfett in ein Schälchen gießen, die aufgefangenen Kruspeln auf Küchenpapier verteilen, damit sie gut abtropfen.

2 Die getrockneten Pilze mit heißem Wasser überbrühen und einweichen, bis alles Übrige erledigt ist. Danach in Streifen schneiden beziehungsweise Wolkenohrpilze grob hacken. (Das ist übrigens nicht nötig, wenn man die getrockneten Pilze vor dem Einweichen zerkrümelt.)

3 Das Fleisch quer in Scheibchen schneiden, mit Stärke einreiben. Ingwer, Knoblauch, Chili fein würfeln (wer getrocknete Chilis nimmt, kann sie einfach in den Wok krümeln). Die Kohlblätter in Quadrate schneiden.

4 Unmittelbar vor dem Servieren wird alles rasch gegart: Den leeren Wok erhitzen, 2 Esslöffel Entenfett hineingeben und erst, wenn es heiß geworden ist, das

TIPP

Wir brauchen hier nicht viel vom Kohl, etwa drei Tassen. Denn wie immer beim chinesischen Essen kommt man mit einer wesentlich kleineren Menge an Zutaten aus, als auf europäische Art zubereitet. Weil so zerkleinert mehr Luft ins Essen kommt und mehr Volumen entsteht. Das ist keine optische Täuschung! Deshalb hält die chinesische Küche so schön schlank! Den Rest des Kopfes also für ein anderes Rezept vorsehen.

Fleisch. Sofort mit der Bratschaufel rühren, dabei sehr rasch Ingwer, Knoblauch und Chili zufügen, salzen und pfeffern. Schließlich die Pilze und die gut abgetropften, eventuell sogar in einem Tuch trocken geschüttelten Kohlblätter. Unter ständigem Schaufeln und Rühren braten, bis die Kohlflecken nicht mehr roh wirken. Alles mit Zucker bestreuen und nochmals durchschwenken. Sojasauce und Sherry angießen, nochmals aufkochen und servieren.

BEILAGE

Natürlich Reis, körniger, lockerer, weißer Reis, der hauchzart aneinander haftet, wie man ihn in Asien liebt.
Wir nehmen am liebsten Duftreis aus Thailand.

TIPP

Der Wok ist jener halbrunde Topf, den die Chinesen einst erfunden hatten, weil sich darin mit wenig Brennstoffaufwand bestens kochen ließ. Ein bis heute unübertroffenes Kochgerät, weil der Garprozess darin für die Zutaten perfekt abläuft: So werden auf stärkstem Feuer zunächst beim Anbraten die Poren geschlossen und danach können die Zutaten, von der Rührschaufel herumgewirbelt, immer wieder an den kühleren Topfwänden ausruhen und schonend nachgaren. Es ist wichtig, dass man niemals zu viel auf einmal hineingibt, sonst wird die Hitze zu stark heruntergesetzt und die Zutaten rösten nicht, sondern dünsten oder schmoren im rasch austretenden Saft.

GETRÄNK

Traditionell passt hier grüner Tee. Natürlich kann man auch Wein dazu trinken. Zu den intensiven Düften aus dem Wok passt glänzend ein Traminer oder Muskateller, allerdings sollte er wirklich trocken ausgebaut sein. Aus der Steiermark, aus Südtirol oder auch vom Kaiserstuhl...

Artischocken

Artischocken

Disteln, die man essen kann

Das edle Gemüse wird endlich auch bei uns immer beliebter. Inzwischen findet man die Knospen ganz selbstverständlich auf unseren Märkten. Vielleicht nicht immer in der Vielfalt, wie man sich das als Artischockenfan wünscht. Aber die Auswahl ist groß und die Saison erfreulich lang: Aus Italien kommen im Winter bis ins Frühjahr die kleinen, lila Knospen. Aus dem Süden Frankreichs und aus Spanien beginnen die Importe im April und Mai und reichen den ganzen Sommer lang. Von Juni bis in den November kann man sie in der Bretagne ernten, der für den Gemüseanbau besonders bekannten Region im Nordwesten Frankreichs. Hier werden hauptsächlich die klassischen, runden, dicken Artischocken der Sorten »Castel« und »Camus« angebaut, zunehmend auch die länglichen »Lila«, die man früher nur in der Provence und im Süden Italiens kannte.

Sicher kennen Sie die traditionelle Art, Artischocken zu essen: Man serviert die ganze Knospe so weich gekocht, dass sich die einzelnen Blätter abzupfen lassen. Bei Tisch hat jeder ein solches Exemplar vor sich auf dem Teller, zupft Blatt für Blatt ab, stupft jedes in eine Sauce und lutscht es aus. Aber es gibt noch eine Vielzahl von Möglichkeiten, dieses herzhafte Gemüse zu genießen: Man kann Artischocken auch roh essen, als Salat, man kann sie

braten, dünsten und frittieren, sogar einmachen ...

Artischocken – woher kommen sie?

Der Name Artischocke soll aus dem Arabischen stammen, *ardischauki* (auch wenn dies eher wie ein Scherz klingt), auf Deutsch mit Erddorn übersetzt. Gezüchtet wurde die essbare Distel aus der Karde, deren fleischige Blattrippen man isst (siehe auch Seite 191). Bei der Artischocke wird indes die Knospe vor der Blüte verwendet.

Aus Arabien gelangten die Artischocken über Spanien und Sizilien nach Europa, wo sie rund um das Mittelmeer bis heute als beliebtes Gemüse gelten, ja geradezu Volksnahrungsmittel sind, während sie bei uns eher den Nimbus einer erlesenen Delikatesse haben.

In nördlicheren Regionen machten Artischocken früher lange Zeit eher als Zierpflanze in verwöhnten Parks Furore. Heute findet man bei uns Artischockenpflanzen allenfalls vereinzelt in privaten Gemüsegärten: Kaum einer kommt auf die Idee, sie gewerbsmäßig anzupflanzen, obwohl sie in den wärmeren Regionen Deutschlands durchaus gedeihen würden. Wir müssen also (von Ausnahmen abgesehen) mit dem vorlieb nehmen, was die Gemüsehändler für uns importieren.

Inzwischen kann man aus den verschiedenen Gegenden Italiens, Frankreichs und Spaniens die wohlschmeckenden Früchte fast rund ums Jahr bekommen. Leider haben sie, weil sich nur wenige Käufer finden, ihren Preis – man zahlt auf unseren Märkten für sie mindestens das Doppelte bis zum Zehnfachen der Preise im Herkunftsland!

Was man beim Einkaufen wissen muss

Artischocken sind Knospen und müssen fest geschlossen sein. Sie sollten keine aufgebogenen Blätter haben, die Knospe muss sich fest und straff anfühlen, der Stiel steif und unbiegsam. Und möglichst dick im Verhältnis zur Knospe sowie gerade gewachsen – dann handelt es sich wahrscheinlich um beste Qualität,

nämlich die erste und mittlere Knospe der Pflanze, die den höchsten und zartesten Anteil an essbarem Fleisch hat. Die später treibenden Seitenknospen bleiben stets etwas kleiner und sind nicht ganz so zart, ihre Stengel setzen

oft schief an und sind etwas dünner. Im venezianischen Dialekt haben die ersten Knospen sogar einen besonderen Namen, sie heißen *castarura*. Je länger der Stiel übrigens, desto besser die Haltbarkeit der Frucht; denn er dient als Wasserspeicher, aus ihm kann die Knospe Nahrung ziehen und bleibt länger frisch. Es ist also ein Unding, wenn Händler diesen Stiel abschneiden, weil er womöglich zu viel Platz beansprucht. Und Sie dürfen das zu Hause natürlich auch nicht tun, wenn Sie die Knospen noch zwei, drei Tage aufbewahren wollen. Braune oder gar verwelkte Knospen sind uralt und gehören auf den Kompost – ihre Blätter und der Boden sind nicht nur verkümmert, sondern meist auch dunkel bis schwarz verfärbt.
Von den dicken runden Artischocken kommen zwei Sorten auf den Markt: Camus und Castel. Die größten Exemplare bringen zwischen 500 und 600 Gramm auf die Waage – eine gilt also als eine üppige Vorspeisenportion pro Gast. Die helleren Castel-Artischocken haben einen etwas fleischigeren Boden als die in der Bretagne ursprünglich heimische Camus, müssen deshalb etwas länger gekocht werden. Bei beiden Sorten ist es nötig, mit festem Griff den Stiel mit einer Drehbewegung aus dem Boden herauszubrechen, um möglicherweise vorhandene Fasern im Boden zu entfernen. Tut man dies

nicht, kann es passieren, dass man später den ganzen Mund voller ekliger Fasern hat!

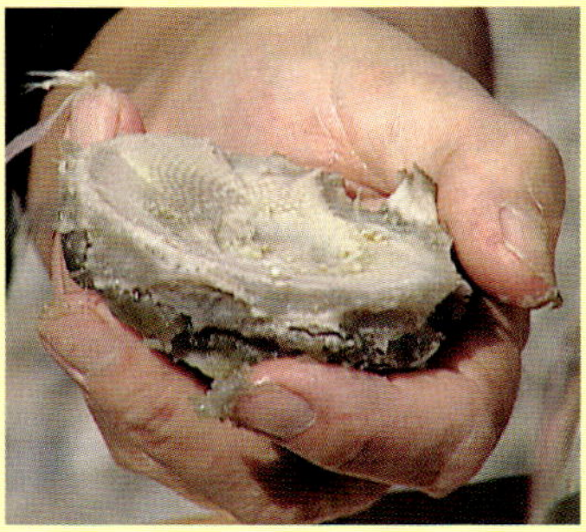

Der Boden selbst wird zum Füllen verwendet, mit einer Vinaigrette verspeist oder auch in der Pfanne in heißem Olivenöl gebraten. Der dichte, oft störrische Rasen, der den Boden bedeckt, das so genannte Heu, wird natürlich weggeschnitten!

In den letzten Jahren immer beliebter geworden sind die lila Artischocken mit ihren länglichen Köpfen. Junge und kleine Exemplare kann man komplett verwenden, muss nur die obersten Blattspitzen entfernen. In den länglichen Herzen steckt kaum oder gar kein Heu, man kann sie deshalb komplett verwenden, geschmort, gebraten, gekocht und sogar roh verspeisen, am besten fein gehobelt mit Olivenöl. Man sollte jedoch stets mit der Fingerkuppe überprüfen, ob im Herzen tatsächlich keine dornigen Blattspitzen oder hartes Heu steckt.

Wie man Artischocken richtig aufbewahrt

Zu Hause legen Sie die Artischocken ins Gemüsefach, den Stiel bitte auf keinen Fall abschneiden – siehe vorige Seite! Artischocken sollen kühl und dunkel, aber nicht zu kalt lagern. Gut tut ihnen ein Tuch als Zudecke, das Sie immer wieder anfeuchten, oder angefeuchtetes Zeitungspapier, in das die Disteln eingewickelt werden. Kleine Artischocken, die oft als Bündel angeboten werden, kann man auch wie einen Blumenstrauß in eine Vase stellen!

Artischocken in der Küche

So stachelig wie Artischocken früher waren, sind heute nur noch wenige Sorten, die bei uns gar nicht oder höchst selten auf den Markt kommen. Man hat ihnen dieses noch an ihre Vorfahrin, die Distel, gemahnende Merkmal mittlerweile weggezüchtet. Deshalb sind Artischocken im Allgemeinen längst pflegeleicht und kaum mehr martialisch: Wenn Sie in alten Kochbüchern lesen, man solle beim Zurichten der Früchte mit einer Schere die Spitzen abschneiden, dann hatte das früher nämlich durchaus seinen Grund: Jedes Blatt endete an seiner Spitze in einem bösen Stachel, an dem man sich gehörig verletzen konnte.

Wenn man also heute Artischocken zum Kochen vorbereitet, kann man sich viel Mühe sparen: Die Knospen werden einfach gewaschen, am besten unter fließendem Wasser, das man zwischen die Blätter laufen lässt und anschließend gut ausschüttelt, damit alles, was sich dazwischen versteckt hat, herausgespült wird. Sobald man die Artischocken schält, sollte stets eine Schüssel mit Wasser bereit stehen, in dem Zitronensaft und zusätzlich auch Zitronenscheiben für Säure sorgen. Während des Putzens die angeschnittene Frucht immer wieder ins zitronierte Wasser tauchen, um zu verhindern, dass sie sich verfärbt. Die Säure verzögert die Oxidation. Deshalb sollten die Artischockenherzen die Zeit bis zum endgültigen Gebrauch unbedingt im Zitronenwasserbad verbringen. Ein bisschen wird die schöne hellgrüne Farbe übrigens auch dort beeinträchtigt, aber beim Kochen oder Dünsten geschieht wieder mal eines der Wunder der Küchen-Chemie und alle Bräunung verschwindet wie durch Zauberhand, das Gemüse strahlt wieder in hellem Grün.

Was drin steckt!

Es handelt auch hier um ein Gemüse, das dem Körper in schönster Form und mit allerbestem Geschmack eine Menge Gutes tut: Es liefert reichlich Mineralstoffe, Kalium, Calcium, Eisen, Magnesium und Phosphor. Und dies jeweils in so starker Konzentration, dass man mit einer einzigen Portion zum Teil mehr als zehnmal dessen bekommt, was der Körper täglich braucht! Im rohen Zustand natürlich noch mehr als gekocht, das ist ja klar.

Außerdem steckt in Artischocken die organische Säure Cynarin, die die Funktion der Galle unterstützt, die Leber kräftigt und den Magen schont. Die Artischocke macht also jeden Magenbitter überflüssig! Cynarin hilft, den Körper zu entgiften und den Cholesterinspiegel zu senken – man kann diese wohltuende und gleichzeitig den Appetit anregende Wirkung seinem Körper natürlich auch in Form des herrlich bitteren italienischen Artischocken-Aperitifs »Cynar« zuführen. Darüber hinaus enthalten Artischocken jede Menge Vitamin C, außerdem auch Vitamin E, B und A. Artischocken sind also geradezu Lebenselixier!

Wie man Artischocken kocht

Auf keinen Fall in einem Aluminiumtopf, darin bekommen die Früchte eine scheußliche Farbe. Außerdem greift die Cynarinsäure das Metall an und es entsteht ein unangenehmer Geschmack. Also in einem emaillierten oder Edelstahltopf arbeiten; noch besser ist ein Schnellkochtopf. Darin verkürzt sich die Garzeit um fast zwei Drittel (statt 45 höchstens 15 bis 20 Minuten) und die Farbe bleibt besser erhalten.

So sieht die Artischocke auf dem Vorspeisenteller einfach schöner aus. Im offenen Kochwasser werden sie oft unansehnlich grau.

Tipp für den Vorrat

Wer ein Sonderangebot aufgespürt und eine größere Menge von Artischocken gekauft hat, kann sie für magere Zeiten einmachen: Die Herzen schälen, ganz lassen oder vierteln, je nach Größe, in einem Sud aus Weißwein und Gewürzen bissfest kochen, in Gläser schichten und mit Olivenöl bedeckt sterilisieren. Eine herrliche Beilage zum Abendbrot, zum gegrillten oder gebratenen Fleisch oder ein Beitrag für den Antipasti-Teller.

Das Grundrezept: Gekochte Artischocken mit Dip

In Frankreich und Italien als Vorspeise oder Zwischengericht beliebt: Man kann die Artischocken heiß oder kalt servieren, beides schmeckt gut. Auch die Sauce dazu kann warm oder kalt sein. Zum Beispiel ganz einfach eine Vinaigrette aus scharfem Senf, Essig und Olivenöl. Eine üppige Sauce hollandaise passt dazu, aber auch eine Mayonnaise oder Aioli. Wir servieren heute dazu Romescu, *eine scharf-frische Sauce, wie man sie in Spanien übrigens gern auch zu anderen Gemüsen isst.*

ZUTATEN

Für vier Personen:
4 Artischocken
(Sorte Castel oder Camus)
2 Zitronenscheiben
Romescusauce:
120 g Mandeln
6–8 Knoblauchzehen
1–2 Chilis, 3 EL Olivenöl
2 Tassen frisches Tomatenfleisch (geschält, entkernt und gewürfelt)
1–2 EL Essig, Salz, Pfeffer
ca. 1 Tasse Olivenöl
Zucker, Zitronensaft

1. Die Mandeln mit kochendem Wasser überbrühen, 2 Minuten ziehen lassen, dann kalt abschrecken und mit den Fingern die braune Haut abschnipsen.

2. Knoblauch schälen, Chili nach Belieben entkernen, auf jeden Fall den Stiel entfernen. Knoblauch und Chili in etwas Olivenöl anrösten, die Mandeln zufügen und kurz mitrösten.

3. Die Tomaten mit kochendem Wasser überbrühen, kalt abschrecken und die Haut abziehen. Die Früchte halbieren, den Stielansatz herausschneiden, auch die wattigen oder harten, gelben Zwischenwände und alle Kerne. Das Fruchtfleisch grob würfeln und in einem Sieb abtropfen lassen.

4. Alles im Mixer pürieren, dabei die gewürfelten Tomaten und einen Schuss Essig zufügen, außerdem salzen und pfeffern. In die glatte Masse langsam, in dünnem Strahl das Olivenöl mixen, wie eine Mayonnaise aufschlagen, bis die Sauce dick geworden ist. Abschmecken, vor allem mit Zucker und Zitronensaft.

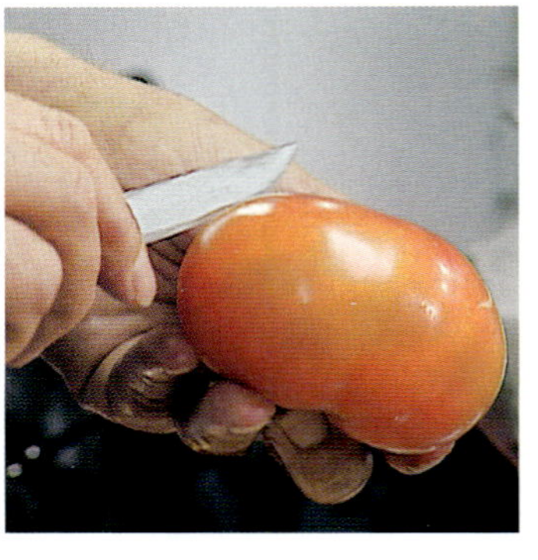

TIPP

Wir haben in der Sendung auch noch die einfachere Senf-Vinaigrette dazu gegessen (auf dem Bild unten in dem flachen Schälchen rechts): Dafür 1–2 Knoblauchzehen durch die Presse drücken, mit 1–2 TL französischem Senf (Dijon-Senf aus reiner Senfsaat), Salz und Pfeffer verrühren, einen Schuss Essig zufügen (nach Belieben Apfel- oder reiner Weinessig, eventuell auch Zitronensaft) und mit Öl (wir verwenden dazu ausschließlich feinstes Olivenöl extra vergine) zu einer cremigen Sauce aufschlagen.

5 Jedem Gast eine Artischocke auf einem Vorspeisenteller anrichten, die Sauce getrennt dazu reichen. Dazu gibt es frisches Baguette.

GETRÄNK

Und als Getränk serviert man dazu am besten einen kräftigen, mediterranen Wein, etwa aus dem Penedes oder aus der Rueda, beides sehr aufstrebende Anbaugebiete in Spanien, aus denen zunehmend interessante Weine zu uns kommen, mit einem guten Preis-/Leistungsverhältnis.

Artischocken auf dreierlei Art

Jeder einzelne Bestandteil dieses Gerichts kann natürlich auch für sich alleine stehen: Der Salat aus roh marinierten Artischocken wird hier über gebratenes Artischockengemüse gestreut, das auf einer Creme aus pürierten Artischocken angerichtet ist. Zusammen ergibt das Artischockengeschmack pur! Getrennt ergeben sich daraus ein feiner Vorspeisensalat, eine aparte Beilage und eine cremige Sauce, zum Beispiel zu gegrillten Lammkoteletts.

ZUTATEN

Für vier bis sechs Personen:

Artischockensauce:
2 runde Artischocken
(Camus oder Castel)
Zitronensaft, 2 EL Olivenöl
1 Zwiebel, 1/2 TL Zucker
1 Glas Weißwein, Salz
Pfeffer, 2 EL Butter

Artischockengemüse:
4 längliche oder runde
Artischocken, Zitronensaft
3 EL Olivenöl
6–8 kleine Kartoffeln
6–8 Knoblauchzehen
2 Rosmarinzweige
Salz, Pfeffer

Artischockensalat:
2–4 lila Artischocken
(nach Größe!),
Zitronensaft, Fleur de sel
(allerfeinstes Meersalz)
2–3 EL Olivenöl
glatte Petersilie
1 Schalotte

1 Zuerst die Sauce ansetzen: Dafür die Artischocken bis auf den Boden schälen, das Heu entfernen. Den Boden sofort in Zitronenwasser baden. Schließlich würfeln und im Olivenöl golden andünsten.

2 Die Zwiebel würfeln und mitdünsten, gleichmäßig mit dem Zucker bestreuen und rasch karamellisieren. Bevor alles zu sehr bräunt, mit Weißwein ablöschen, salzen und pfeffern und ein Glas Wasser angießen. Zugedeckt etwa 15 Minuten lang weich kochen.

3 Schließlich im Mixer glatt pürieren, dabei die kalte Butter mitmixen – sie gibt der Sauce Glanz und Geschmack – und nochmals abschmecken!

4 Für das Gemüse werden die Artischocken geputzt: Gut die obere Hälfte quer abschneiden. Die äußeren Blätter ganz entfernen und das nunmehr freiliegende Herz glatt zuschneiden. Vierteln oder sehr große Exemplare sogar sechsteln.

5 Die Kartoffeln mit der Schale sauber bürsten und ebenfalls vierteln oder sechsteln, und zwar längs.

6 In einer Pfanne das Öl erhitzen und beides – Artischocken und Kartoffeln – darin braten, die geschälten Knoblauchzehen und die Rosmarinzweige zufügen und mitbraten.

7 Auf kleiner Flamme arbeiten und Geduld dabei haben: So werden die Kartoffeln schön golden und knusprig! Dabei salzen und pfeffern und immer wieder die Pfanne schwenken, damit die Gemüse rundum gleichmäßige Bratspuren bekommen und schön langsam gar werden.

8 Für den Salat werden die kleinen Artischocken geschält: Ebenfalls die äußeren Blätter so weit wegschneiden, bis das gelbe Herz freiliegt. Jetzt ist es besonders wichtig, eine aufgeschnittene Zitrone bereit zu halten, mit der man immer wieder die Schnittflächen abwischt, damit sich die Artischocke nicht unschön verfärbt, denn schließlich wird die Artischocke ja roh gegessen und soll appetitlich aussehen.

9 Die Herzen in feine Scheibchen hobeln, am besten geht das mit dem Trüffelhobel, dessen Schnittstärke man einstellen kann, ein guter Gurkenhobel tut es womöglich auch.

GETRÄNK

Als Getränk gibt es natürlich Rotwein, unbedingt aus dem Süden, zum Beispiel aus Bandol in der Provence oder einen Côtes-du-Rhône. Wir haben dazu einen herzhaften Collioure aus dem Languedoc getrunken.

10 Die Artischockenscheibchen mit der fein geschnittenen Petersilie, winzig gewürfelten Schalotte, *Fleur de sel* und gutem Olivenöl anmachen.

11 Zum Anrichten jeweils einen Klecks Sauce auf den Teller gießen, darauf das gebratene Artischockengemüse mit den Kartöffelchen setzen und mit dem Salat aus rohen Artischocken umgeben. Sieht super aus, schmeckt noch besser, und wer sich partout nicht mit vegetarischen Freuden begnügen will, serviert dazu zwei Lammkoteletts.

TIPP

Fleur de sel, die so genannte Blüte oder Blume vom Salz, ist ein besonderes Meersalz. Es handelt sich um die Kristalle, die sich an der Oberfläche wie Schaum bilden, wenn der Salzsee oder Salzgarten austrocknet. Es wird eigens abgeschöpft, nicht gereinigt, sondern nur getrocknet und oft sogar unter dem Namen des Salzmeisters als Delikatesse angeboten. Man findet es auch bei uns im Feinkostladen.

Artischocken in Weißweinsud

Eine Art Grundzubereitung, die man im ganzen Mittelmeerraum schätzt. Wieder werden dafür die Artischocken geschält (wie im Rezept für Artischockensalat beschrieben), dann in Olivenöl angedünstet. In Frankreich schmurgelt man zugleich auch in Streifen geschnittenen Speck mit, der dem Gericht Geschmack gibt, in Griechenland verzichtet man auf diese Fleischzutat. Wir fügen zudem reichlich geschälte Knoblauchzehen hinzu und kleine Zwiebelchen. Thymianzweiglein, die mitschmurgeln, geben ihren Duft ab. Alles wird langsam golden gedünstet, erst dann löscht man mit einem Schuss Weißwein ab und lässt schließlich alles sehr langsam weich garen. Wir essen diese Artischocken im Weißweinsud aus dem Suppenteller, zusammen mit krumigem Weißbrot, sozusagen als Gemüsetopf. Man kann sie jedoch auch als kalte Gemüsevorspeise in einem Menü servieren.

ZUTATEN

Für zwei bis vier Personen:
(je nachdem ob als Gemüsetopf oder Vorspeise):
6 mittelgroße Artischocken
Zitronensaft
100 g luftgetrockneter Speck in dünnen Scheiben
1 Händchen voll Knoblauchzehen
3–4 Schalotten
3 EL Olivenöl
1 Thymianzweig
1/4 l Weißwein
1 Tasse Tomatenwürfel
glatte Petersilie
(auch Koriandergrün oder Estragon)

1 Die Artischocken bis aufs Herz schälen, in Zitronenwasser baden – wegen der Farbe. Den Speck quer in feine Streifen schneiden. Knoblauch schälen und Schalotten vierteln oder sogar achteln.

2 In einem flachen breiten Topf (der die meisten Zutaten bequem nebeneinander liegend aufnehmen kann) das Öl erhitzen, den Speck darin sanft anrösten, dann nacheinander Artischockenherzen, Knoblauchzehen und Schalottenviertel und den Thymianzweig zufügen und langsam golden rösten. Immer wieder am Topf rütteln. Schließlich mit Wein ablöschen. Zugedeckt 20 Minuten leise schmurgeln.

3 Ganz zum Schluss eine Hand voll gewürfelter Tomaten zufügen und reichlich gehackte Petersilie oder anderes duftendes Grün.

4 Um den Gemüseeintopf noch gehaltvoller zu machen, kann man noch – sozusagen als Sättigungsbeilage – in die Mitte ein pochiertes Ei setzen (siehe Seite 35).

GETRÄNK

Ein kräftiger Weißwein, aus Südfrankreich etwa – oder auch, warum nicht, wie man es in der Bretagne liebt, ein Apfelwein!

Artischocken auf jüdische Art (alla giudea)

So liebt man Artischocken in Rom. Sie werden dafür nur ganz außen geschält. Sobald die zarteren Blätter freiliegen, drückt man die Blüte etwas auseinander und wirft die Knospe kopfüber in siedendes Öl. Dort schwimmend, wird sie dann golden frittiert. Ein kinderleichtes Rezept, allerdings muss man die Hitze des Öls genau überwachen: ist es zu heiß, verbrennen die Artischocken außen, obwohl sie innen noch roh sind. Schließlich brauchen sie doch einige Zeit, bis sie schmelzend zart geworden sind. Die Artischocken schmecken umwerfend gut, sowohl heiß wie kalt, und so sind sie auf einem Festbuffet ein eindrucksvoller Glanzpunkt. Wir lieben dazu frisch durchgepresste Kartoffeln, die mit Olivenöl und Fleur de sel *gewürzt sind, und eine frische Tomatensauce.*

ZUTATEN

Für vier Personen:
4–8 kleinere, längliche Artischocken (die zarten lila)
Zitronensaft
Öl zum Frittieren (einfaches Olivenöl oder neutrales Öl)
Außerdem:
800 g Kartoffeln
Fleur de sel (feinstes Meersalz – siehe Seite 124), Olivenöl
4 reife Tomaten
2–3 Knoblauchzehen
frisches Basilikum
Balsamico

1 Die Artischocken von außen nur so weit entblättern, bis die hellen, zarten Blätter sichtbar werden. Den Stiel sorgsam schälen, die Blüte von oben etwas auseinander drücken, dafür fest kopfüber auf die Arbeitsfläche stupfen. Gut abgetrocknet in siedendes Öl versenken und darin etwa 10 Minuten köcheln.

2 Mit einer Schaumkelle immer wieder drehen und wenden, schließlich herausheben, kopfüber auf Küchenpapier gründlich abtropfen lassen und schließlich auch so, mit den Stielen nach oben, auf einer Platte anrichten, die mit etwas Fleur de sel bestreut ist.

3 Die Artischocken auf jüdische Art schmecken heiß, frisch aus dem Öl, aber auch wunderbar kalt.

4 Dazu servieren wir Kartoffelschnee. Die Kartoffeln dafür als Pell- oder Salzkartoffeln gar kochen, durch eine Presse in eine Schüssel drücken, mit Fleur de sel bestreuen und mit Olivenöl beträufeln.

5 Schon aus farblichen Gründen, aber auch als Erfrischung passt hier eine rohe Tomatensauce: Dafür die Früchte mit kochendem Wasser überbrühen, abschrecken, häuten, entkernen, das Fleisch halbzentimetergroß würfeln. Knoblauch durch die

TIPP

Auch wenn man leider immer wieder Gegenteiliges hört: Olivenöl ist zum Frittieren ideal geeignet! Kaum eine Ölsorte eignet sich besser, so hoch erhitzt zu werden! Es braucht in diesem Fall natürlich nicht unbedingt das allerfeinste Öl extra vergine zu sein, ein einfaches Olivenöl tut es auch. Aber dem Geschmack kommt es auf alle Fälle zugute!

GETRÄNK

Am besten ein kraftvoller Weißwein ohne ausgeprägte Säure, zum Beispiel ein Frascati oder ein würziger Fiano di Avellino aus Kampanien.

Presse in eine Schüssel drücken, mit etwas Salz gut verrühren, die Tomaten zufügen. Mit Olivenöl und Balsamico anmachen. Zum Schluss fein geschnittenes Basilikum unterrühren. Verlangt hier wirklich noch jemand nach irgendeiner Fleischbeilage?

Radicchio & Chicorée

Radicchio & Chicorée

Vitamine für den Winter

Chicorée ist ja schon länger bei uns auf dem Markt, aber noch immer ist er durchaus kein Standardgemüse, das in jedem Haushalt ins tägliche Repertoire gehört. Er bringt noch immer den Nimbus von Rarität und Vornehmheit in unsere Küche. Noch weniger vertraut ist uns der Radicchio, jener auf unseren Märkten meist runde, etwa männerfaustgroße Salatkopf, dessen besonders knackige Blätter mit ihrem appetitlichen Weinrot von weißen, flammenden Streifen durchzogen sind und so einen auffallenden und hübschen Farbfleck im Salat bilden. Dieser rundköpfige Radicchio (sprich Radickio! Bitte niemals Raditscho sagen!), genannt »Rose von Chioggia«, ist vor allem bei uns beliebt. In Italien ist der in der Form dem Chicorée ähnliche Radicchio di Treviso begehrter, wie auch die wunderschöne helle, blütenartige Staude des Radicchio di Castelfranco. Letzterer wird von den Italienern nahezu ausschließlich als Salat gegessen, während man die anderen lieber schmort, grillt oder sonstwie als Gemüse isst.

Wie Chicorée und Radicchio entstehen

Man beginnt mit der Aussaat der Zichorienkulturen Ende des Frühjahrs, als wolle man Salat erzielen. Zichorienpflanzen brauchen einen stickstoffarmen Boden. Bekommen die Wurzeln zu viel Stickstoff ab, sind sie später in der so genannten Treiberei sehr krankheitsanfällig, deshalb muss man beim Anbau mit Dünger sehr sparsam sein. Im Spätherbst werden die Wurzeln ausgegraben. Die Blätter werden abgeschnitten und dienen als Viehfutter. Damit sie besser austreiben, werden die Wurzeln im Kühlhaus bei circa null Grad mindestens zwei Wochen zwischengelagert. Erst danach werden sie Woche für Woche partienweise aus dem Kühllager entnommen und zum

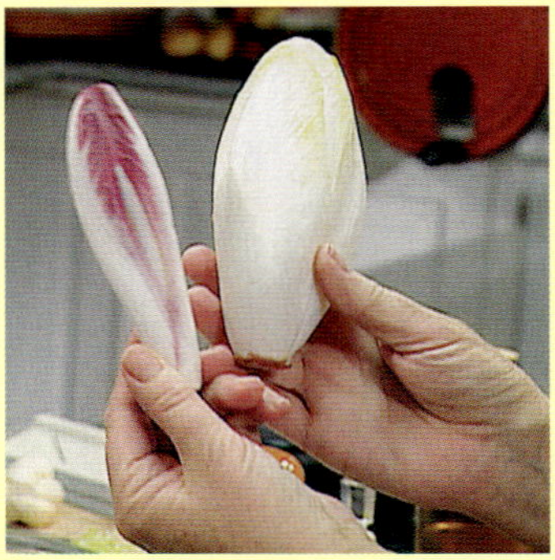

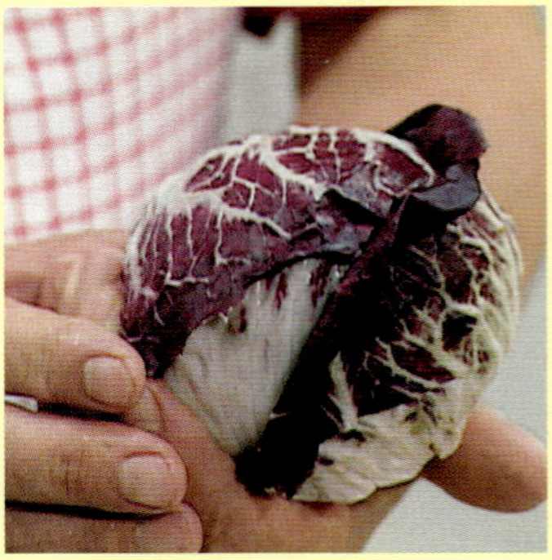

Treiben aufgesetzt. Dafür steckt man die Wurzeln entweder in feuchten Sand oder Torf und deckt sie mit lockerer Erde zu, oder man kann die in Sand und Erde eingeschlämmten Wurzeln auch einfach mit lichtundurchlässiger Folie abdecken oder sie überhaupt zum Austreiben in Wasser oder Nährlösungen setzen, ohne sie abzudecken. Wichtig ist, dass die Wurzeln von warmem Wasser (zwischen 12 und 22

Grad) umflutet sind. Nach circa 25 Tagen sind aus den Wurzeln die Sprossen herausgewachsen. Diese werden jeweils von den Wurzeln abgeschnitten und von den äußeren, unschönen Blättern geputzt. Der Chicorée wird dann lichtdicht verpackt, denn er ist überaus lichtempfindlich. Bereits nach vier Stunden bei normaler Beleuchtung entwickelt sich Chlorophyll, das die Blätter grün färbt, und es bilden sich vermehrt Bitterstoffe. Da jedoch nur geschlossene weiße Sprossen mit goldgelben Blattspitzen als Spitzenqualität gelten, müssen sie sowohl bei der Anzucht als auch bei der Lagerung peinlich genau vor Licht geschützt werden.

Charakteristikum: die Bitterkeit!

Chicorée enthält den Bitterstoff Intybin. Er ist in dem weißlich milchigen Saft enthalten, der beim Anschneiden austritt, und verleiht dem Chicorée seinen herb-frischen, bitter-aromatischen Geschmack. Man kann diese Bitterkeit mindern, indem man den Strunk keilförmig herausschneidet – dort sitzt das meiste Intybin. Den guten Rat, die Blätter für kurze Zeit in lauwarmes Salzwasser zu legen, um den bitteren Geschmack zu mildern, sollte man lieber nicht befolgen; Es gehen dadurch nämlich nicht nur Bitterstoffe, sondern auch Vitamine und Mineralstoffe verloren. Besser ist es, Chicorée mit Obst, süßem Fruchtsaft oder mildem Balsamicoessig zu mischen, das bringt einen angenehmen Kontrast zum herben Geschmack. Inzwischen hat man übrigens sogar bitterstoffarmen Chicorée gezüchtet – aber ehrlich gesagt: dann kann man ja auch gleich ein anderes Gemüse essen, oder? Übrigens verstärken Temperaturschwankungen und Lichteinstrahlung die Bildung von Bitterstoffen. Deshalb sollte man Chicorée stets dunkel und im Kühlschrank lagern.

Was alles Gutes im Chicorée steckt

Die bis zu 20 Zentimeter langen und fünf Zentimeter breiten Sprossen wiegen jeweils zwischen 100 und 150 Gramm, sind also praktisch zu portionieren. Chicorée enthält wenig Nitrat, und mit 16 Kilokalorien (67 Kilojoule) pro 100 Gramm ist er ein wahrer Schlankmacher. Vitamine enthalten die weißen Sprossen reichlich, insbesondere Vitamin C, Provitamin A und Folsäure sowie Mineralstoffe.

Man schätzt Chicorée außerdem seiner verdauungsfördernden und leicht harntreibenden Wirkung wegen. Und weil er Inulin enthält, ein Kohlenhydrat aus Fructoseeinheiten, das zu den Ballaststoffen zählt, ist er besonders für Diabetiker geeignet.

Roter Chicorée

Roter Chicorée, eine Kreuzung aus rotem Radicchio und weißem Chicorée, hat von Februar bis Mai Saison. Er gleicht seinem weißen Cousin in der Form, die Blätter sind jedoch rot wie die des Radicchio, es zeigen sich wie dort weiße Streifen; im Geschmack ist er deutlich milder, es fehlen ihm die charakteristischen Bitterstoffe, die man beim Radicchio oder beim Chicorée so liebt. Roter Chicorée ist teurer als weißer, da er schwerer zu kultivieren und weniger ertragreich ist.

Radicchio

Die eigentliche Heimat des Radicchio ist Venetien. In unseren Läden dominiert die dunkelviolette *Rose von Chioggia* (gesprochen: *kiodscha*), die ganzjährig und völlig problemlos angebaut werden kann, weil sie ganz von selbst recht große und geschlossene Köpfe bildet. Die ausgeprägte Bitterkeit der klassischen Radicchiosorten hat man weggezüchtet – der mitteleuropäische Verbraucher liebt es eben mild!

Die Blätter des Chioggia-Radicchio sind eher zur Dekoration und im Salat angesagt, aber nicht unbedingt zum Kochen geeignet. Dafür bevorzugen die Italiener edlere Sorten: den schlanken *Radicchio di Treviso* mit den fleischigen, weißen Rippen in den lila Blättern, der keine geschlossenen Köpfe, sondern lockere, fast an Chicorée erinnernde Kolben bildet, und die großen, lockeren Rosen des *Radicchio di Castelfranco*, dessen rotviolett gesprenkelte Blätter elfenbeinfarben schimmern. Daneben gibt es den *Radicchio di Verona* mit kleinen, nicht ganz geschlossenen Knollen, und den grünen *Radicchio di Milano*, auch *Grumolo* genannt, der bei uns nur sehr selten angeboten wird.

Der Trevisaner Radicchio und der von Castelfranco werden genauso aufwendig produziert wie Chicorée, ihre Kultur ist gleichermaßen mit viel Handarbeit und Verlust verbunden, weshalb alle diese Gemüse leider nicht billig sind. Vor allem die italienischen Varianten findet man bei uns nur auf den großstädtischen Märkten und in sehr guten italienischen Geschäften.

Richtig aufbewahren und vorbereiten

Beide Gemüse gehören nach dem Einkauf in den Kühlschrank, ins Gemüsefach. Damit die Feuchtigkeit stimmt, mit einem feuchten Tuch zudecken, Chicoréesprossen sollte man sogar darin einhüllen. Welke, lasche oder beschädigte Außenblätter werden beim Putzen entfernt. Wichtig: Die Blätter auf keinen Fall zu lange geschnitten liegen lassen, an den Schnittflächen oxidiert das zarte Blatt und färbt sich braun. Für Salat deshalb immer frisch zerkleinern. Und zwar lieber zerpflücken und reißen, damit die Zellen nicht zerstört werden, wie das ein Messer täte. Diese Schnittstellen oxidieren rasch und werden schnell braun. In allen anderen Fällen, wenn man die Gemüse nicht sofort auf den Grill legen oder in den Ofen schieben kann, lieber kurz blanchieren oder andünsten.

Verwirrende Namen

Falls Sie auf fremden Märkten einkaufen: Was wir Chicorée nennen, heißt in Frankreich *endive*. Und unser Endiviensalat, der ja in diesem Wort steckt, wird dort *chicorée* genannt. Grund: Beide Gemüse sind nahe verwandt und stammen vom selben Urahn ab, der Wegwarte. Aus dieser hat man zunächst die Wurzelzichorie gezüchtet, daraus dann Chicorée und Radicchio. Diese Ur-Zichorie – aus deren Wurzel man den Zichorienkaffee gewinnt (den man als den viel geschmähten »Muckefuck« heute kaum mehr kennt, der jedoch als wesentlich verbesserter »Landkaffee« durchaus seine Liebhaber findet) – wurde inzwischen durch Züchtung weitgehend entbittert und wird in dieser Variante von Hobbygärtnern unter der Bezeichnung »Zuckerhut« gerne als herbstlicher Salat angebaut.

Weiß-roter Salat mit Kaninchen

Als überschaubare Portion auf einem Teller hübsch angerichtet eine kleine Vorspeise oder aber, dann jedoch die doppelte Menge, eine ganze kleine Mahlzeit.

ZUTATEN

Für vier Personen:
Je 1 Radicchio- und Chicoréestaude,
eventuell auch 2 kleine grüne Radicchiopflänzchen und/oder 1 Radicchio di Castelfranco
1 weiße Zwiebel
2 Hand voll abgezupfter Kräuter: glatte Petersilie, Basilikum, Melisse, Liebstöckel, Pimpinelle,
wenn vorhanden noch 1 Hand voll gelbe Friséeblätter

Marinade:
2 EL Balsamico
3 EL Zitronensaft
1/2 TL Salz
frisch gemahlener Pfeffer
1 TL scharfer Senf
1 durchgepresste Knoblauchzehe
3–4 EL erstklassiges Olivenöl

Kaninchenrücken:
200 g ausgelöster Kaninchenrücken (ersatzweise Hähnchen- oder Entenbrust), 2 EL Öl
Salz, Pfeffer
je 1/2 TL feinst gewürfelter Knoblauch, Ingwer und Chili
Salz, Pfeffer
4 EL Apfelbalsamessig

1. Die Stauden in Blätter zerlegen, diese in Stücke teilen oder auch quer in schmale Streifen zupfen – nach Belieben. Die Zwiebel in feine Ringe hobeln, die Kräuter von den Stielen pflücken, auch den Frisée (krause Endivie) zerkleinern.

2. Alles mischen und mit der Marinade anmachen, für die sämtliche Zutaten mit dem Schneebesen oder mit einer Gabel aufgeschlagen und cremig vermischt wurden.

3. Inzwischen das Kaninchenfleisch im heißen Öl rasch unter stetem Rühren ganz kurz anbraten. Dabei Knoblauch, Ingwer und Chili zufügen sowie salzen und pfeffern. Balsamico angießen, das Kaninchenfleisch in diesem jetzt rasch einkochenden Fond drehen und wenden, dabei soll sich die Flüssigkeit auf 2 Esslöffel reduzieren.

4. Das Fleisch in Alufolie wickeln, den Sud in der Pfanne eventuell noch etwas einkochen. Das Fleisch etwa 10 Minuten durchziehen lassen.

Das Nachziehen, eingewickelt in Alufolie, ist für das Fleisch unerlässlich. Erst so können sich die Säfte verteilen und das Stück wird durch und durch gleichmäßig rosa.

5 Zum Servieren den Salat auf Tellern dekorativ anrichten. Das Kaninchenfleisch schräg mit einem großen, scharfen Messer in dünne Scheiben schneiden. Auf dem Salat verteilen.

6 Den eingekochten Saft mit dem Fleischsaft aus der Folienpackung nochmals sirupartig einkochen und in kleinen Klecksen auf die Fleischscheiben sowie auf die freie Tellerfläche verteilen.

BEILAGE + GETRÄNK

Dazu genügt als Beilage knuspriges Weißbrot und als Getränk passt ein herzhafter Weißwein aus Venetien, zum Beispiel ein Soave, Gambellara oder Pinot Bianco.

Radicchiobällchen

Ein hübscher Bissen zum Glas Wein, auch aus der Hand zum Aperitif. Als erfrischenden Dip dazu gibt es eine Creme aus Frischkäse.

ZUTATEN

Für sechs Personen:
400 g Radicchio, Salz
1 altbackenes Brötchen
1/8 l Milch, 1 Zwiebel
2 Knoblauchzehen
1 EL Butter, Pfeffer
2 Eier, 50 g frisch geriebener Parmesan
2 EL Semmelbrösel
Olivenöl zum Braten
Für den Dip:
150 g Frischkäse
100 g saure Sahne
2 EL Zitronensaft
Salz, Pfeffer, je 1 rote und grüne Chilischote
1 Tasse fein gehackte gemischte Kräuter
2 EL Olivenöl

1 Die Radicchioköpfe in Blätter teilen, in kochendes Salzwasser geben, nach etwa 2 Minuten abgießen und kalt abschrecken. Sorgfältig abtropfen, sehr fest ausdrücken, die Blätter sollen richtig trocken wirken, sonst wird der Teig zu weich, und mit einem großen Messer fein hacken.

2 Das Brötchen mit heißer Milch überbrühen und einweichen. Zwiebel und Knoblauch fein würfeln und in Butter weich dünsten (Mikrowelle).

3 Das gut ausgedrückte Brötchen und den ganz trockenen Radicchio mit Salz, Pfeffer, Eiern, Käse und Bröseln zu einer Farce mischen, zugedeckt 15 Minuten quellen lassen. Mit angefeuchteten Handflächen Bällchen formen.

4 In einer Pfanne so viel Olivenöl erhitzen, dass es knapp einen Finger hoch darin steht. Die Bällchen nebeneinander hineinsetzen und backen. Dabei immer wieder an der Pfanne rütteln, damit sich die Bällchen drehen und sie rundum gleichmäßig bräunen. Insgesamt dauert das etwa 10 Minuten. Die Bällchen sind dann außen gebräunt, aber innen schön rot und saftig. Auf Küchenpapier gut abtropfen. Zum Aus-der-Hand-Essen mit Zahnstochern servieren.

5 Dazu passt ein erfrischender Käsedip:
Den Frischkäse mit saurer Sahne glatt rühren, dabei mit Zitronensaft, Salz und Pfeffer würzen. Die Chilis entkernen, sehr winzig würfeln und zusammen mit den gehackten Kräutern und Olivenöl unter die Käsecreme mischen. Sehr würzig abschmecken!

GETRÄNK

Ein kräftiger Tocai oder Pinot Grigio aus dem Friaul.

Geschmorter Chicorée & Radicchio

Eine fabelhafte Beilage zum gegrillten Lammkotelett, aber auch durchaus ein ganzes Essen, zum Beispiel mit in Olivenöl gebratenen Kartöffelchen. Bei dieser Garmethode tritt übrigens die typische Bitterkeit besonders hervor! Das Gemüse schmeckt auch kalt wunderbar! In diesem Fall ist allerdings der längliche Radicchio di Treviso besser geeignet als die rundköpfige Rose von Chioggia.

1 Die Kolben putzen, Wurzelansatz und welke Außenblätter entfernen. Die Sprossen längs halbieren. Wenn man sie nicht sofort ins heiße Rohr schieben will, sie kurz in kochendes Salzwasser tauchen, damit sie sich nicht verfärben. In eine feuerfeste Schale betten, mit Salz und Pfeffer würzen, großzügig mit Olivenöl beträufeln. Im 250 Grad heißen Backofen etwa 15 Minuten schmurgeln. Das Gemüse direkt aus dem Ofen in seiner Form servieren.

TIPP

Man kann die mit Olivenöl marinierten Gemüsekolben auch wunderbar grillen: Zuerst eine Weile in Olivenöl drehen und wenden, dabei ruhig schon mit Salz und Pfeffer würzen. Schließlich auf dem Gartengrill oder auf dem Rost unter dem Ofengrill rösten. Dabei natürlich immer wieder drehen, damit das Gemüse rundum knusprig wird.

2 Wer mag, bestreut alles noch heiß mit frisch geriebenem Parmesan.

ZUTATEN

Für vier bis sechs Personen:

Je 4 Radicchio- und Chicoréesprossen
Salz, Pfeffer, Olivenöl
frisch geriebener Parmesan nach Belieben

Gefüllte Rindfleischröllchen auf Chicoréegemüse

Ein schnell zubereitetes Gericht, das nicht nur gut schmeckt, sondern auch hübsch aussieht – deshalb besonders für Gäste geeignet!

1 Den Chicorée putzen, waschen, längs in feine Streifen schneiden. Die Zwiebel in feine Streifen hobeln.

2 In einer großen Pfanne die Butter aufschäumen lassen, zuerst die Zwiebelstreifen andünsten, dann die Chicoréestreifen mitschmurgeln, dabei mit Salz, Pfeffer und durchgepresstem Knoblauch würzen. Mit Zucker bestreuen und sanft karamellisieren lassen. Mit etwas abgeriebener Orangenschale abschmecken.

3 Bevor der Karamell zu dunkel wird, mit einem Schuss Orangensaft ablöschen. Sobald dieser verkocht ist, mit Essig beträufeln, immer abwechselnd einen Schuss beider Essigsorten und etwas Orangensaft zufügen. 5 Minuten köcheln, bis die Flüssigkeiten sirupartig eingekocht sind. Die Pfanne vom Herd ziehen.

ZUTATEN

Für vier bis sechs Personen:
6 Chicoréestangen, 1 Zwiebel
3 EL Butter, Salz, Pfeffer
2 Knoblauchzehen
1 TL Zucker, 1 Orange
1 EL milder Essig
1 EL Balsamico
8 dünne Scheiben Rinderlende (von ca. 3 mm Stärke, ohne Fett und Sehnen)
1 EL scharfer Dijonsenf
eventuell 100 g Schafskäse
Basilikumblätter
3 EL Olivenöl

4 Inzwischen die Rindfleischscheiben auf der Arbeitsfläche ausbreiten. Mit einem glatten Fleischklopfer noch dünner klopfen, vorsichtig, es dürfen keine Löcher einreißen.

5 Die Fleischscheiben mit Salz und Pfeffer würzen, etwas Senf dünn darauf verstreichen. Ein paar Chicoréestreifen bündeln und quer über ein Ende jeder Fleischscheibe legen. Darauf den zerbröckelten Schafskäse verteilen (es geht auch ohne!) und die gehackten Kräuter.

6 Die Fleischscheiben zu einer Rolle aufwickeln, mit der Nahtseite nach unten in eine Pfanne setzen, in der Olivenöl stark erhitzt worden ist. Die Röllchen müssen sogleich brutzeln, damit die Hitze die Nahtstelle sofort verschließt und versiegelt und sich die Rollen nicht mehr öffnen können.

7 Die Röllchen rundum schön goldbraun anrösten. Wer normalerweise Rindfleisch gern blutig isst, nimmt sie jetzt bereits aus der Pfanne und lässt sie auf einem vorgewärmten Teller nachziehen.

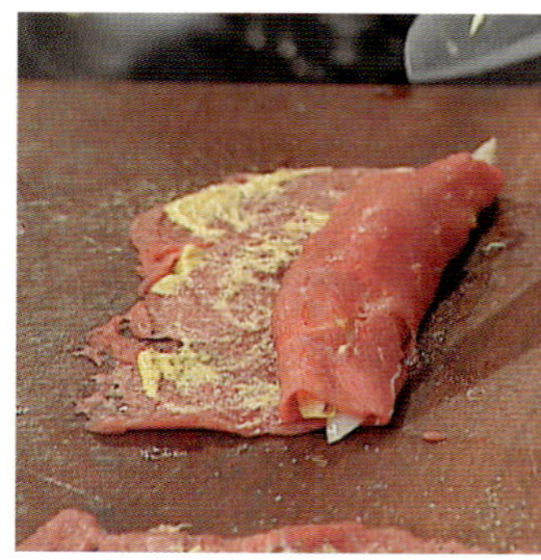

Diese klassischen Fleischklopfer aus Edelstahl kommen aus Italien. Sie sind schwer, superleicht zu reinigen und liegen gut in der Hand. Ideal nicht nur, um Fleischscheiben flach zu klopfen oder auseinander zu streichen, etwa fürs Wiener Schnitzel. Man kann mit ihnen auch Knoblauchzehen zerquetschen, Gewürzkörner zerklopfen oder zerreiben und sie als Gewicht verwenden. Man findet sie in gut sortierten Haushaltsgeschäften – leider haben sie ihren (stolzen) Preis.

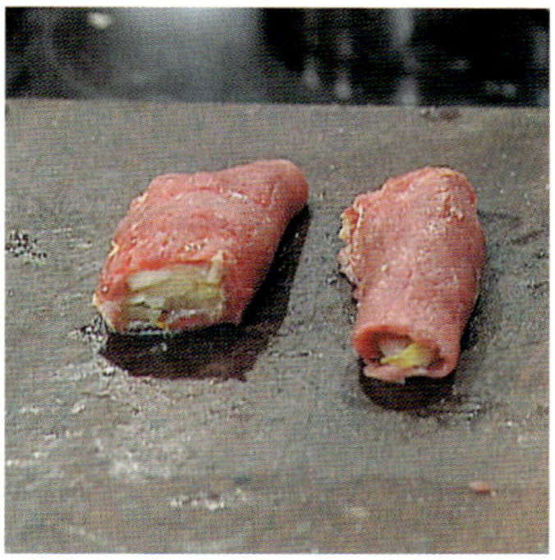

8 Mit dem restlichen Orangensaft und Balsamico den Bratensatz losköcheln, bis wieder alles zum Sirup eingekocht ist. Jetzt die Rollen darin nochmals drehen, bis sie rundum glänzend überzogen sind.

9 Zum Servieren die Fleischrollen in der Mitte schräg aufschneiden und auf einem Bett vom restlichen Chicoréegemüse anrichten.

BEILAGE

Eigentlich genügt frisches Brot dazu, aber als Beilage passen ebenfalls knusprige Ölkartöffelchen:
Dafür kleine, gleich große Kartoffeln mit der Schale gut bürsten, in reichlich Olivenöl langsam anbraten, dabei Rosmarin- und Thymianzweiglein mitrösten. Einen Schöpfer Wasser angießen, etwas grobes Salz dazu, den Deckel auflegen. Die Kartoffeln sind nach 15 Minuten gar, jetzt sollte auch alles Wasser verkocht sein!

GETRÄNK

Ein frischer Valpolicella. Wir haben einen Rosso di Veronese dazu getrunken, der im Barrique, also im kleinen Holzfass ausgebaut wurde und deshalb rund und komplex wirkt.

Chicorée anonym

Ein Rezept von Clemens Wilmenrodt, dem ersten deutschen Fernsehkoch. Anonym ist der Chicorée nicht etwa, weil er in Schinken gewickelt nicht gleich zu erkennen ist, sondern weil dem Fernsehkoch damals das Rezept von einer Zuschauerin anonym zugeschickt wurde. Dies war Martinas Lieblingsgericht in der Kindheit, wurde natürlich von ihr inzwischen längst ein wenig abgewandelt und modifiziert.

ZUTATEN

Für vier bis sechs Personen:
6–8 mittelstarke Chicoréekolben
Salz, 12 große Scheiben gekochter Schinken
4 EL Butter, 1 Zwiebel
1/2 EL Mehl, 1/4 l Milch
1/4 l Sahne, 1 Glas Weißwein
200 g frisch geriebener Käse (Emmentaler), Pfeffer
Muskatnuss, 1 Prise Zucker
1 Prise Cayennepfeffer
1 Spritzer Worcestershiresauce
1 EL Zitronensaft

1 Chicorée putzen: Wurzelenden kappen, unschöne Blätter entfernen, Sprossen längs halbieren. In aufwallendes Salzwasser geben, nach einer Minute herausheben, in kaltem Wasser abschrecken. Gut abtropfen, jedes Stück in eine Schinkenscheibe einwickeln und nebeneinander in eine flache, gebutterte Form betten.

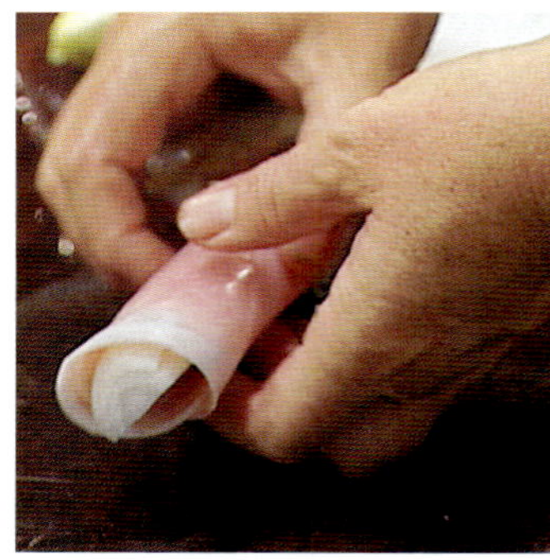

2 In der restlichen Butter die sehr fein gewürfelte Zwiebel andünsten, mit dem Mehl bestäuben und durchschwitzen. Milch angießen und glatt rühren, schließlich Sahne und Wein hinzufügen. 20 Minuten köcheln, bis die Sauce dicklich und cremig ist, dann neben dem Herd den Käse einrühren.

3 Die Sauce noch einmal aufkochen, eventuell mit einem Schuss Chicoréekochwasser verdünnen. Schließlich sehr würzig, vor allem mit Muskat und Cayennepfeffer, unbedingt auch mit einer Zuckerprise, Worcestershiresauce und mit viel Zitronensaft abschmecken.

4 Diese Sauce über das Gemüse gießen. Den Auflauf bei 180 Grad etwa 15 Minuten im Backrohr backen, bis alles kräftig brodelt und appetitlich braun geworden ist.

BEILAGE

Martina isst dazu am liebsten Salz- oder Pellkartoffeln. Manche lieben dazu Reis.

GETRÄNK

Ein runder, üppiger Weißwein, zum Beispiel einen Silvaner aus Franken. Ideal ist eine trockene Spätlese aus dem Weingut Wirsching.

Mohn

Zaubern mit Mohn

Ideal zum Backen und für Desserts

Mohn ist eine Zutat, die nicht in allen Gegenden Deutschlands bekannt und natürlich auch nicht überall gleichermaßen beliebt ist. Mancherorts – vor allem im Westen – kennt man ihn kaum, und anderswo – vor allem im Osten – ist er für bei vielen Gebäcken und Desserts gar nicht wegzudenken.

In Martinas Familie zum Beispiel war das Weihnachtsmenü ohne schlesische Mohnklöße als Dessert nicht vorstellbar. Das ist schlesischen Vorfahren zu verdanken, die das Rezept in die Familie gebracht haben.

Und dann gehört Mohn in viele Mehlspeisen der K.u.K.-Monarchie. So wird Mohn in Österreich heute noch angebaut, und zwar im Waldviertel, nördlich der Wachau, auf einem Hochplateau oberhalb der Donau. Dort wogen im Sommer die Felder voller rosa bis pinkfarbener Mohnblüten und bieten ein wunderschönes, farbenfrohes Bild! Siehe die Seite aus unserem Buch (rechts oben): »Österreich – Küche, Land und Leute«.

Unsere Rezeptideen zu diesem Thema kommen verständlicherweise ausschließlich aus dem königlich-kaiserlichen Kulturkreis, dessen Ausläufer schließlich auch im Norden die Schlesier beeinflusst haben. Nicht umsonst gelten diese Mehlspeisen als die feinsten Desserts der Welt!

Vom Anbau und woher er kommt

In Deutschland ist der Mohnanbau verboten: Selbst im Osten, wo er aus Traditionsgründen per

Sondererlaubnis angebaut werden durfte, ist er nach der Wende aus der Mode gekommen. Wahrscheinlich, weil die billigen Importe die Handarbeit zu teuer machen. Verboten hat man den Anbau ursprünglich einmal, weil sich aus dem Saft der unreifen Kapseln bekanntlich Opium gewinnen lässt. Indes hat man längst Züchtungen entwickelt, die keine Alkaloide mehr enthalten, wie diese süchtig machenden Gifte heißen. Diesem Tatbestand trägt man bei uns noch nicht wieder Rechnung.

In Österreich dagegen galt Mohn immer schon und gilt immer mehr als eine sorgsam gehegte Kulturpflanze, man ist sogar bestrebt, die Flächen dafür auszuweiten.

Jährlich werden in Deutschland etwa 7000 bis 8000 Tonnen Mohn importiert und zu Back- und Kochzwecken verbraucht. Wichtigste Erzeugerländer sind die Türkei, Tschechien, Ungarn und Australien.

Der Mohnanbau ist arbeitsintensiv, deshalb kostet der österreichische Mohn mindestens dreimal so viel wie die Importware. Aber es ist auch eine völlig andere Qualität! In Österreich wird Kapsel für Kapsel von Hand geerntet, denn mit dem Mähdrescher würden die empfindlichen Körner gequetscht und verletzt, sie oxidieren dann schnell an der Luft und werden ranzig. Hinzu kommt, dass die Fruchtkapseln oben offen sind: Ein heftiger Wind kann kurz vor der Ernte die Kapseln einfach ausschütteln – dann rieselt alles auf die Erde und die Arbeit war umsonst.

Wer eine solche Mohnkapsel genau betrachtet (Bild unten links, eine längs aufgeschnittene Mohnkapsel mit reifen Körnern), die ja nicht umsonst in Floristenkreisen als dekoratives Element geschätzt wird, sieht kleine Öffnungen unterhalb der hübschen Rosette, die jede Kapsel krönt. Durch diese wird ihr kostbarer Inhalt möglichst schon auf dem Feld in Behälter ausgeleert und schließlich auf Tüchern ausgebreitet und getrocknet. Dann bleiben die dekorativen Kapseln als begehrtes Bastelmaterial intakt.

Mohn aus dem österreichischen Waldviertel

In der Gegend rund um Armschlag im österreichischen Waldviertel hat man immer schon für den eigenen Gebrauch Mohn angepflanzt, wie in vielen Gegenden Süddeutschlands übrigens auch. Man freute sich an den Blüten, brauchte den Samen für Gebäck und Mehlspeisen, das Öl bekam der Pfarrer fürs Ewige Licht. Und mit den Mohnkapseln wurden Kränze und Gestecke dekoriert. Bei Hochzeiten galten sie zum Beispiel als Glücksbringer und Fruchtbarkeitssymbol. Dann wurde der Anbau hierzulande verboten, auch in anderen Regionen ging er zurück: Importe waren billiger!

Heute werden die Anbauflächen um Armschlag wieder ausgeweitet, österreichischer Mohn gilt als Spezialität, die man gut an die anspruchsvolle Gastronomie und im Feinkosthandel verkaufen kann. Vor einigen Jahren begann man auch wieder Mohnöl zu pressen. Es ist aromatisch, wohlschmeckend und dank eines hohen Anteils ungesättigter Fettsäuren besonders hochwertig. Jede der drei Mohnsorten, die im Waldviertel angebaut werden, liefert einen anderen Typ: Weißmohnöl ist nussartig, Graumohn eher zart und Blaumohn schmeckt kraftvoll und würzig.

Mohn im Vorrat

Solange die Körnchen noch intakt sind, kann nichts passieren, erst Luftkontakt lässt die nach dem Mahlen aufgebrochenen Körnchen oxidieren. Deshalb sollte man Mohn stets ungemahlen kaufen und nach dem Mahlen unverzüglich verarbeiten. Einige Monate lässt sich gemahlener Mohn vakuumverpackt oder auch tiefgefroren aufbewahren. Aber allzu lange sollte man ihn auch so nicht lagern.

Wie kriegt man Mohn klein?

Früher gehörte in jeden anständigen Haushalt eine Mohnmühle, die mit einer speziell geformten Spindel die Körner zerquetschen konnte. Peinlichste Sauberkeit war da vonnöten, damit keine im Gerät versteckten Bestandteile mit ihrem ranzig werdenden Geschmack untilgbare Spuren hinterließen. Inzwischen gibt es kaum noch Geräte in unserem küchentechnischen Fuhrpark, um Mohn perfekt zu zerkleinern: Am ehesten geeignet ist noch der elektrische Zerhacker, den man allerdings über Gebühr arbeiten lassen muss, bis er tatsächlich alle Körner zu feinem Mehl aufschließt. Nur eben angequetschte Körner sind nämlich zum Backen ungeeignet, sie sollen duftig und wie gemahlene Mandeln zu weichem Mehl zermahlen sein. Achtung: Sollte sich die Küchenmaschine bei der ungewohnten Anstrengung zu stark erhitzen, hat das Auswirkungen auf die Qualität. Das Öl kann sich absetzen und oxidieren. Manche Küchenmaschinen bieten einen entsprechenden speziellen Aufsatz zum Mohnmahlen. Und manche Geschäfte stellen sogar eigens eine Mohnmühle zur Verfügung, in der man seinen Einkauf mahlen lassen kann. Allerdings: dann bitte sofort verarbeiten!

Verschiedene Mohnsorten

Man unterscheidet dreierlei Mohn: Graumohn, den bei uns am meisten verbreiteten Blaumohn und sogar den ganz hellen, so genannten weißen Mohn. Jede Sorte ergibt einen anderen Geschmack: Graumohn ist zart und mild, Blaumohn typisch würzig und kraftvoll, der Weißmohn schmeckt eher nussartig. Inzwischen gibt es auch bei uns wieder Ölmühlen, die Mohnöl produzieren. In guten Feinkostläden kann man fündig werden; im Internet lassen sich Hersteller und Versandadressen finden.

Hefeknödel mit Mohnsauce

Ein Österreicher sagt dazu Germknödel – er meint dasselbe: Germ ist das Treibmittel, die Hefe. Damit die Knödel federleicht und duftig werden, müssen sie gemächlich gehen dürfen, und zwar dreimal: zunächst der Vorteig, das so genannte Dampferl, dann der fertig geknetete Teig und schließlich auch noch die fertigen, gefüllten und geformten Knödel. Sie werden über Dampf gegart – entweder nimmt man den Siebeinsatz des Dampftopfes dafür, den Bambuskorb, den wir aus der chinesischen Küche kennen, oder einen speziell dafür geeigneten Dämpfer.

ZUTATEN

Für sechs Personen:
500 g Mehl, 1/4 l Milch
1/2 Würfel Hefe (20 g)
1 gehäufter EL Zucker
120 g Butter, 1 Ei, 1 Prise Salz
abgeriebene Zitronenschale
Mehl für die Arbeitsfläche
Füllung:
100 g gemahlener Mohn
150 g Zwetschgenmus
1 TL Vanillezucker
1 EL Puderzucker
1 EL Zwetschgenwasser
Mohnsauce:
1/4 l Milch, 1/4 l Sahne
50 g gemahlener Mohn
1 Vanillestange oder
1 Tütchen Vanillezucker
2 EL Zucker, 2 Eigelb

1 Mehl in die Rührschüssel der Küchenmaschine schütten, die in etwas lauwarmer Milch aufgelöste Hefe hineingießen, eine Prise Zucker zufügen, mit etwas Mehl vermischen und zugedeckt 10 Minuten gehen lassen, bis dieser so genannte Vorteig Blasen wirft. Dann die restlichen Zutaten zufügen – die Butter sollte zimmerwarm sein und in Flöckchen geschnitten – und die Küchenmaschine so lange kneten lassen, bis der Teig seidig glänzt und sich absolut glatt vom Schüsselrand löst. In eine mit Mehl ausgestäubte Schüssel betten und zugedeckt eine Stunde gehen lassen, bis der Teig sich mehr als verdoppelt hat.

2 Inzwischen für die Füllung den gemahlenen Mohn mit Zwetschgenmus, Vanillezucker und Puderzucker glatt rühren und mit einem Löffel Zwetschgenwasser parfümieren.

3 Den aufgegangenen Teig auf einer bemehlten Arbeitsfläche nochmals durchwalken. Zu einer Rolle formen, zentimeterdicke Scheiben abschneiden, sie etwas flach drücken und jeweils einen Teelöffel Füllung in die Mitte setzen, den Teig darüber zusammenfassen und verschließen. Mit der Nahtstelle nach unten auf ein mit Mehl bestäubtes Brett setzen. Dabei auf Abstand achten, denn die Knödel sollen nun ein zweites Mal gehen, sie werden sich dabei fast aufs Dreifache vergrößern. Dafür mit einem Tuch gut zudecken und warm stellen.

4 Die Hefeknödel schließlich nebeneinander auf einen Dämpfeinsatz betten und über Dampf etwa 8 Minuten garen.

5 Für die Sauce Milch und Sahne aufkochen, Mohn und Zucker einrühren, die Vanillestange zufügen. Neben dem Feuer etwa 10 Minuten ziehen lassen. Dann die Vanillestange herausfischen, längs aufschlitzen, mit einem spitzen Messer das Mark herauskratzen und in die Mohnmilch rühren (wer Vanillezucker nimmt, rührt einfach den Beutelinhalt in die Milch). Alles nochmals aufkochen, schließlich die beiden Eigelb mit etwas Mohnmilch glatt quirlen und in die aufwallende Flüssigkeit rühren. Fest rühren, bis die Eigelb gebunden haben und die Sauce schön dicklich ist. Auf keinen Fall dürfen die Eigelb richtig ins Kochen geraten, weil sie sonst gerinnen.

6 Zum Servieren einen kleinen Spiegel von Sauce auf einem Teller verstreichen, darauf einen Hefeknödel setzen und alles dick mit Puderzucker beschneien. Die restliche Mohnsauce in einer Saucière getrennt dazu reichen.

TIPP

Ein unwiderstehliches Dessert – aber ganz schön mächtig! Eigentlich schon ein ganzes Essen, zum Beispiel mit einer Kartoffelsuppe zuvor.

GETRÄNK

Dazu trinken wir einen kräftigen Weißwein, dieses Mal aus Österreich: einen reifen Riesling Smaragd aus der Wachau.

Mohnkipferl

Sozusagen die dunklen Geschwister der allseits beliebten Vanillekipferl. Sie schmecken umwerfend und machen erfreulicherweise noch weniger Arbeit, weil man die Mandeln dafür nicht schälen muss. Wichtig: Den Teig rasch zusammenkneten, je weicher die Butter, desto weicher der Teig. Dann auf keinen Fall mehr Mehl einarbeiten, sondern den Teig in den Kühlschrank legen, bis er wieder genügend Festigkeit erreicht hat.

ZUTATEN

Für ca. 50 Stück:

100 g Mehl
80 g Zucker
1 Tütchen Vanillezucker
100 g geriebene Mandeln
150 g gemahlener Mohn
250 g weiche Butter

Außerdem:

200 g Puderzucker
1 Tütchen Vanillezucker
2 EL gemahlener Mohn

1 Alle Zutaten rasch zu einem festen Teig kneten, dabei soll die Butter gerade eben so weich werden, dass sie die Zutaten zusammenhält, aber auf keinen Fall so weich, dass man mehr an festen Bestandteilen zufügen muss.

2 Den Teig vor dem Verarbeiten mindestens eine Stunde kalt stellen. Ihn dafür in zwei Portionen teilen und jede zu einer Rolle mit dem Durchmesser eines Zwei-Euro-Stücks formen. Damit der Teig nicht austrocknet, in einen Gefrierbeutel packen.

3 Von den Rollen dann knapp fingerdicke Scheiben schneiden, sie zu einem Hörnchen (dem so genannten Kipferl) formen und auf ein mit Backpapier belegtes Blech setzen.

4 Die fertig geformten Kipferl 2 Stunden, ruhig sogar über Nacht kalt stellen. Erst dann bei 160 Grad etwa 10 Minuten backen. Etwas auskühlen lassen, danach behutsam vom Blech lösen und in Puderzucker wälzen, der mit gemahlenem Mohn und Vanillezucker vermischt ist. Vorsichtig arbeiten, denn die Kipferl brechen leicht. Dafür zergehen sie auf der Zunge!

Käsegebäck mit Mohn

Kann man gut auf Vorrat backen und hat dann stets was zur Hand, wenn Gäste kommen. Ein kinderleichtes Rezept, das immer gelingt und viel besseres Käsegebäck ergibt, als man kaufen kann.

1 Den Magerquark über Nacht in einem mit Küchenpapier ausgelegten Sieb abtropfen lassen. Dann mit der zimmerwarmen Butter, Mehl, Mohn und der Salzprise zu einem glatten, festen Teig verarbeiten. Dabei mit der Hand oder mit den Knethaken des Handrührers arbeiten. Den Teig in zwei Portionen teilen, jeweils zu einer Rolle geformt und in einen Gefrierbeutel verpackt mindestens eine Stunde, besser über Nacht ruhen lassen.

2 Anderntags etwa fingerdick ausrollen, mit einem Teigrädchen Streifen ausschneiden oder mit kleinen Ausstechern hübsche Plätzchen formen. Auf ein mit Backpapier belegtes Blech setzen.

3 Erneut kalt stellen. Erst dann mit Eigelb einpinseln, das mit Sahne glatt gequirlt wurde, und mit Kümmel und/oder Mohn bestreuen. Bei 180 Grad in etwa 10 bis 15 Minuten backen.

4 Auskühlen lassen, in Blechdosen aufbewahren und zum Aperitif jeglicher Art servieren.

ZUTATEN

Für sechs bis acht Personen:

150 g Magerquark
100 g Butter
150 g gemahlener Mohn
150 g Mehl, 1 Prise Salz
1 Eigelb, 2–3 EL Sahne
Kümmel und ungemahlener Mohn zum Verzieren

Mohncrêpes

Eine der österreichischen Mehlspeisen, nach denen man süchtig werden kann. So ganz ohne Aufwand sind sie leider nicht gemacht, dafür schmecken sie einfach umwerfend. Der Teig für die Crêpes (oder Palatschinken, wie der »K.u.k.ler« sagt) sollte so dünn sein wie flüssige Sahne. Am besten gelingen die Pfannkuchen in einer Eisenpfanne, die man ausschließlich für diesen Zweck benutzt, oder in einer beschichteten Pfanne, deren Beschichtung natürlich noch absolut intakt sein sollte. Darin wird etwas Butter erhitzt, dabei schwenkt man die Pfanne, bis sie gleichmäßig von einem Fettfilm ausgekleidet ist: Erst wenn sie wirklich heiß genug ist, gießt man rasch eine kleine Kelle Teig hinein und schwenkt wieder, bis der Boden der Pfanne hauchzart davon überzogen ist – überschüssiger Teig wird sofort abgegossen. Sobald der Teig sich am Pfannenrand bräunlich kräuselt, wird er gelöst, in der Luft gewendet und auf einen Teller gestürzt – das geschieht auf hoher Flamme und dauert keine 45 Sekunden. Die Palatschinke (so heißt es auf Österreichisch im Singular) wird mit Mohncreme gefüllt, einmal zur Hälfte, dann zum Viertel zusammengeschlagen und mit einer Sauerrahmsauce serviert.

ZUTATEN

Für sechs Personen:

Crêpeteig:

3 Eigelb, 100 g Mehl
300 ml Milch, 1 Prise Salz
abgeriebene Zitronenschale
2 EL Zucker
40 g zerlassene Butter
außerdem Butter zum Backen

Mohnfüllung:

1/8 l Milch, 3 EL Honig
1 Prise Salz, 3 EL Rosinen
3 EL gehackte Mandeln
250 g gemahlener Mohn
1–2 cl Rum

Sauerrahmsauce:

2 Becher saure Sahne
2 EL Zucker, 1 TL Zitronensaft
2–3 EL Rum

Außerdem:

Puderzucker

1 Die Zutaten für den Teig mit einem Schneebesen glatt quirlen. Damit keine Klümpchen entstehen, zuerst Eigelb und Mehl verquirlen, dann nach und nach die Milch und erst ganz am Schluss die zerlassene Butter zufügen. Eine halbe Stunde bei Zimmertemperatur ausquellen lassen.

2 Erst dann wie links beschrieben in einer kleinen Pfanne (Durchmesser etwa 20 Zentime-

ter) rasch sechs bis zwölf hauchdünne Pfannkuchen backen.

3 Für die Füllung Milch und Honig aufkochen, mit der Salzprise würzen, die Rosinen und Mandeln mitziehen lassen.

4 Schließlich den gemahlenen Mohn einrühren und die Masse neben dem Feuer eine halbe Stunde quellen lassen.

5 Jeweils einen großzügigen Löffel dieser Füllung auf einer Palatschinke verstreichen. Sie zuerst zur Hälfte, dann zum Viertel zusammenklappen. Auf einem vorgewärmten Teller anrichten.

6 Für die Sauerrahmsauce alle Zutaten mit einem Schneebesen glatt quirlen. Einen großzügigen Klecks davon neben die gefüllten Crêpes setzen. Sie dick mit Puderzucker bestäuben. Den Rest der Sauce getrennt dazu servieren.

GETRÄNK

Hier passt ein edelsüßer Wein, in diesem Fall am liebsten aus Österreich, etwa aus Rust am Neusiedlersee.

Schlesische Mohnklöße

Es handelt sich durchaus nicht um Klöße, es ist vielmehr eine Schichtspeise. Sie ist sehr mächtig und üppig, man kann davon nicht viel essen. Aber es schmeckt unwiderstehlich!

ZUTATEN

Für sechs bis acht Personen:
200 g Rosinen, 1 Tasse Rum
4 Brötchen oder
1/2 Kastenweißbrot
(möglichst vom Vortag)
200 g Mohnsamen
1/2 l süße Sahne, 1/2 l Milch
3 EL Zucker, 1 Prise Salz
abgeriebene Schale einer
unbehandelten Zitrone
1 Vanilleschote oder
1 Tütchen Vanillezucker
50–80 g Mandelstifte
oder gehackte Mandeln

1 Die Rosinen waschen, abtropfen lassen und in eine Schüssel geben. Den Rum erwärmen (nicht kochen!), darüber gießen und die Rosinen darin einige Stunden, ruhig über Nacht quellen lassen, bis sie sich dick davon vollgesogen haben und ganz weich und saftig geworden sind.

2 Brötchen oder Weißbrot in Scheiben schneiden – je dünner, desto feiner wird die Speise sein. Deshalb unbedingt mit der Aufschnittmaschine arbeiten, die gleichmäßige Scheibchen ermöglicht. Wenn die Krume noch zu weich ist, kann man die Scheiben auf ein Backblech verteilen und das Ganze kurz in den warmen Ofen schieben, um das Brot ein wenig anzutrocknen.

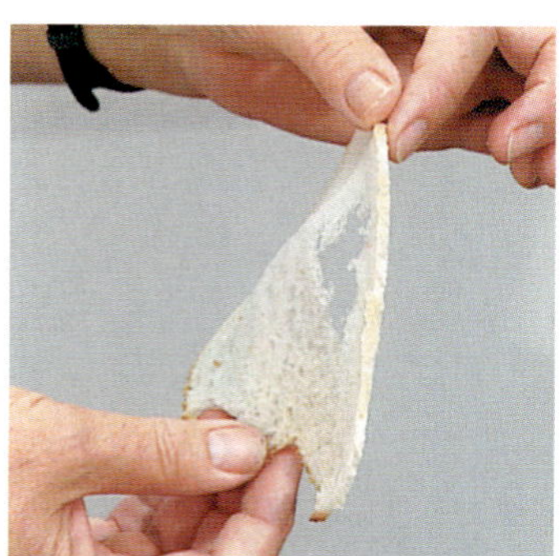

3 Inzwischen den Mohn mahlen, mit Sahne und Milch in einem Topf aufsetzen, Zucker, Salz, Zitronenschale sowie das ausgeschabte Mark und die leere Hülle der Vanilleschote hineingeben (oder den Vanillezucker einrühren). Alles langsam unter ständigem Rühren zum Kochen bringen und nur einmal kurz aufwallen lassen. Es soll keine Flüssigkeit verkochen! Vom Herd nehmen und nur ein wenig abkühlen und quellen lassen. Die Vanilleschote entfernen.

4 Den Boden einer Schüssel (in ihr wird die Speise serviert, am schönsten ist eine gläserne Auflaufform, in der man die einzelnen Schichten sehen kann, oder eine Glasschale) mit einem Viertel der Brotscheiben bedecken. Jeweils ein Viertel der Mohn-

masse, der abgetropften Rosinen und der Mandelsplitter darüber verteilen. Mit dem Rest so fortfahren, bis alles in vier Schichten aufgebraucht ist.

5 Wichtig: Die Masse darf nicht zu trocken sein – deshalb sollte die Mohnmasse schön flüssig sein und noch warm – nur so kann sie die trockenen Brotscheiben gut durchtränken. Im Kühlschrank gut durchkühlen.

GETRÄNK

Zu dem mächtigen Dessert passen schwere, nicht süße Weiß- und Rotweine ganz ausgezeichnet, vor allem, wenn die Klöße so wenig süß gehalten werden wie in diesem Rezept. Es harmonieren aber auch trockener Sekt oder Champagner. Macht man das Gericht wesentlich süßer, so müssen auch die Weine richtig süß werden: Auslesen oder Beerenauslesen, Tokayer, ein süßer Sekt, Moscato d'Asti oder Champagne Demi-Sec wären dann angesagt.

Kartoffelsalat mit Mohn

Damit der Tag kulinarisch gerettet ist, ein Spezialrezept für einen ganz besonderen Kartoffelsalat. Denn wie lautet Moritz' Credo? Richtig: »Ein Tag ohne Kartoffelsalat ist kulinarisch gesehen ein verlorener Tag.«

1. Die Kartoffeln gar kochen, noch warm pellen und in dünne Scheiben schneiden. Am besten schmeckt der Salat natürlich aus noch warmen Kartoffeln.

2. Die Schalotte (Zwiebel) sehr fein würfeln, mit den Kartoffelscheiben in einer Schüssel mischen, salzen, pfeffern, mit Brühe, Essig und Öl beträufeln und gründlich mischen.

ZUTATEN

Für vier Personen:
1 kg fest kochende Kartoffeln
2 Schalotten oder
1 weiße (milde) Zwiebel
Salz, Pfeffer
4 EL heiße Fleischbrühe
5 EL milder Apfelessig
3–4 EL Mohnöl
1/2 Endiviensalat
120 g durchwachsener Bauchspeck
2 EL ungemahlener Mohn

3 Den Salat waschen, quer in feine Streifen schneiden und mit den abgezupften, grob gehackten Kräutern unter die Kartoffeln mischen.

4 Den Speck in feine Streifchen schneiden, in einer Pfanne behutsam auslassen, dann auf etwas stärkerem Feuer knusprig braten. Den Mohn mitrösten. Alles, auch das ausgebratene Fett, heiß über den Salat gießen und sofort servieren. Gut passen dazu Wiener Würstchen.

GETRÄNK

Am besten natürlich ein frisches Bier!

FIGLI

Weihnachts-menü

Weihnachts-Festmenü
Asienduftender Gänsebraten

Weihnachtsmenü! Alle Jahre wieder ... Natürlich soll es immer etwas Besonderes sein, schließlich ist es ein außergewöhnliches Fest! Man möchte einerseits ungern auf Traditionen verzichten, andererseits hat man durchaus mal Lust auf etwas Neues. Deshalb haben wir uns diesmal zum Gänsebraten entschlossen, der schon lange nicht mehr auf unserem Plan stand. Aber nicht, wie stets gehabt, die klassische Version mit Blaukraut und Knödeln. Wir geben ihm diesmal eine ungewöhnliche, nämlich panasiatische Würze: Aus Thailand stammt die Marinade, eine scharf-würzige Kokospaste. Damit wird die Gans eingerieben, sie bildet aber auch später die Basis für eine verführerisch duftende Sauce. Als Beilage gibt es Hefebrötchen, wie man sie in China vor allem deshalb schätzt, weil man damit die Sauce so wunderbar aufwischen kann. Und als Gemüse dazu passt Chinakohl, rasch im Wok gebraten, wie man das in ganz Asien gerne tut.

Natürlich haben wir wieder darauf geachtet, dass sich alles gut vorbereiten lässt und die Zutaten leicht zu beschaffen sind, damit man sich an den Festtagen nicht abhetzen muss. Was selbstverständlich auch für die Vorspeise, die Suppe als Zwischengang und für das Dessert gilt.

Die Vorspeise: Lachscarpaccio

Längst hat sich dieser Begriff eingebürgert. Dabei wurde er ja einmal entwickelt für hauchdünne Rindfleischscheiben, weil sie die Farbe hatten, die auf den Bildern des Renaissancemalers Carpaccio vorherrschte. Inzwischen nennen phantasiebegabte Köche nahezu alles so, was dünn aufgeschnitten und fächerförmig auf einem Teller ausgebreitet ist. Seien wir also beim orangefarbenen Lachs nicht so streng. Wichtig ist, dass man ein Stück von einem anständig aufgezogenen Lachs verwendet, schließlich wird der Lachs roh gegessen, deshalb muss er von allerbester Qualität sein. Kaufen Sie bei einem guten Fischhändler frische Ware ein. Wenn er hat, nehmen Sie den Biolachs, bei dem man sicher sein kann, dass er garantiert nicht aus Schnellmastanlagen stammt.

ZUTATEN

Für vier bis sechs Personen:

500 g Lachsfilet
(vom Fischhändler hoffentlich schon sorgfältig entgrätet)
2 EL Sesam- oder Erdnussöl
1 TL Zucker, 4 EL Limonen- oder Zitronensaft
3 EL thailändische Fischsauce
je 1 TL winzig fein gewürfelter Ingwer und Knoblauch
Chili nach Gusto (wem die scharfe Sorte zu heftig ist, nimmt nur wenig davon und für die Farbe mehr von einer milden Sorte)
1 Frühlingszwiebel
2 Korianderzweige

TIPP

Die Lachszucht hat ja leider im Laufe der Jahre einen genauso schlechten Ruf bekommen wie die von Massenhähnchen! Gott sei Dank hat sich aber hier in der letzten Zeit einiges getan, und die Fehler aus den Anfängen der Zuchtbemühungen sind behoben. Inzwischen gibt es auch umweltfreundliche Zuchtanlagen, in denen nur noch ein Bruchteil der früher verwendeten Antibiotika verwendet wird. Dort wächst Lachs unter möglichst natürlichen Bedingungen heran, das Wasser hat einwandfreie, strengstens überprüfte Qualität. Es werden nie zu viele Fische in einem Gehege gehalten, wodurch Stress vermieden wird. Das Futter wird strengstens überwacht, Fischmehl oder Futter aus so genannter Gammelfischerei (welch ein Wort!) sind verboten. Futterweizen stammt aus biologischem Anbau. Und, last but not least, die Anlagen befinden sich auf Hochsee, wo die Fische unter nahezu natürlichen Lebensbedingungen, den Auswirkungen der Gezeiten und jahreszeitentsprechenden Temperaturen aufwachsen. All das wirkt sich natürlich auf den Geschmack und die Konsistenz des Fischfleisches aus!

1 Das Lachsfleisch sorgfältig säubern. Zuerst von der Haut schneiden: Dafür das Filet mit der Hautseite nach unten auf die Arbeitsfläche legen. Mit einem großen, scharfen Messer zwischen Haut und Fleisch fahren, die Klinge gegen die Arbeitsfläche richten und so das Fleisch mit festem Schnitt zügig abtrennen. Alles Weiße oder Dunkle vom Fischfilet wegschneiden, falls noch Gräten zu spüren sind, diese mit einer Pinzette herausziehen. Das Filetstück auf den Bauch drehen, den dunklen Streifen, der sich den Rücken entlang zieht, keilförmig herausschneiden.

2 Das nunmehr sorgfältig geputzte Filet in etwa 3 mm dünne Scheiben schneiden. Diese mit einem breiten Messer oder mit dem Fleischklopfer sehr behutsam flach und auseinander streichen und auf Vorspeisentellern anrichten, die zuvor mit Öl eingepinselt wurden.

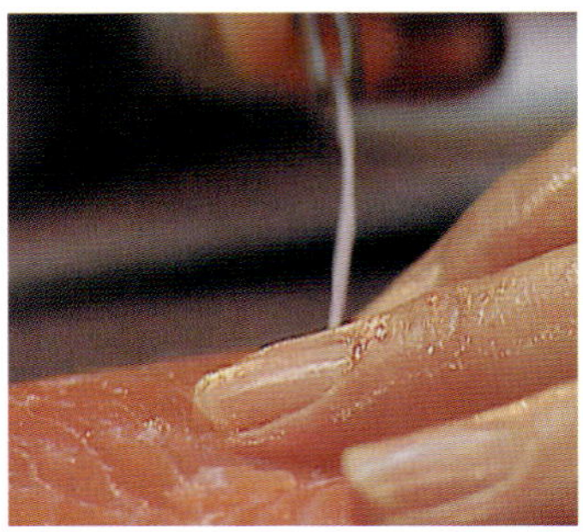

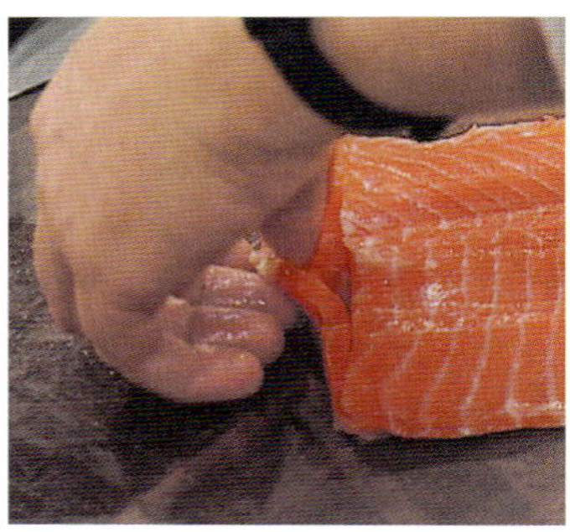

3 So vorbereitet, können die Teller mit Folie abgedeckt im Kühlschrank auf ihren Auftritt warten. Die Marinade jedoch erst unmittelbar vor dem Servieren über die Fischscheiben löffeln.

4 Dafür Limonensaft, Zucker, thailändische Fischsauce, Ingwer, Knoblauch, Chili, in feine Ringe geschnittene Frühlingszwiebeln und Koriandergrün verrühren. (Die Marinade kann natürlich auch längst bereitstehen, lediglich das Grün sollte frisch geschnitten werden.)

TIPP

Auf keinen Fall die Marinade schon lange vor dem Servieren über den Fisch gießen. Der darin enthaltene Zitronensaft lässt sein Eiweiß koagulieren, das Filet verändert seine Farbe und Konsistenz.

Noch ein TIPP

Man kann den Lachs auch italienisch würzen. Dann die Teller statt mit Sesam- mit Olivenöl einpinseln. Für die Marinade Salz, Pfeffer und etwas Zitronensaft sowie fein geschnittene Frühlingszwiebel verrühren und ebenfalls erst unmittelbar vor dem Servieren über die Fischscheiben träufeln, sofort mit Olivenöl beträufeln und mit fein geschnittenem Basilikum oder glatter Petersilie bestreuen. Weil keine Schärfe und nicht die salzige Fischsauce im Spiel sind, braucht man in diesem Fall keinen Zucker!

GETRÄNK

Hierzu empfehlen wir einen üppigen Weißwein, zum Beispiel einen deutschen Weißburgunder aus dem Barrique oder einen Weißen aus dem Burgund.

Als kleines Zwischengericht: Möhrencremesuppe

Auch die Suppe lässt sich wunderbar vorbereiten. Dann braucht man sie vor dem Servieren nur noch zu erhitzen und nochmals mit dem Pürierstab aufzuschlagen, damit sie schön duftig wird. Die duftenden Croûtons stehen ebenfalls bereit und werden natürlich erst unmittelbar vor dem Auftragen in die Teller gestreut.

ZUTATEN

Für vier bis sechs Personen:
1 Zwiebel, 3 Knoblauchzehen
1 walnussgroßes Stück Ingwer
4 EL Butter, 500 g Möhren
ca. 3/4 l Gemüse- oder Hühnerbrühe, 1 Chilischote
Salz, Pfeffer
2 Weißbrotscheiben
Koriandergrün
je einige Tropfen Balsamessig und Sesamöl

1 Zwiebel, Knoblauch und Ingwer schälen und würfeln. Eine Knoblauchzehe und eine ca. halbzentimeterdünne Ingwerscheibe sehr fein würfeln und für die Croûtons beiseite legen. Alles Übrige in 2 Löffeln Butter in einem Suppentopf andünsten.

2 Die Möhren mit dem Sparschäler schälen, grob würfeln und zufügen. Alles mit Brühe bedecken und aufkochen, die Chilischote zufügen, mit Salz und Pfeffer würzen. Zugedeckt eine halbe Stunde sanft köcheln, bis die Möhren weich sind. Schließlich alles mit dem Mixstab oder im Mixer glatt pürieren, so viel Brühe zufügen, bis die Suppe ihre richtige, cremige Konsistenz hat. Kräftig abschmecken.

GETRÄNK

Zur Suppe trinkt man im Allgemeinen ja nichts. Weil es aber doch ein Festessen ist: Falls vom Vorspeisenwein nichts mehr da ist, empfiehlt sich hier ein nicht ganz trockener, aber kräftiger Sherry, ein Oloroso zum Beispiel mit seinem nussigen Geschmack.

3 Für die Croûtons das Weißbrot in halbzentimeterkleine Würfel schneiden, in der restlichen Butter in einer Pfanne langsam goldbraun rösten. Fein gewürfelten Ingwer und Knoblauch erst zum Schluss zufügen, damit sie nicht verbrennen. Das Koriandergrün erst kurz vor dem Servieren nicht zu fein gehackt untermischen.

4 Die Suppe in vorgewärmten Tellern anrichten, mit ein paar Tropfen Balsamico und geröstetem Sesamöl (Asienshop!) verzieren und schließlich die Croûtons auf der Oberfläche verteilen.

Hauptgericht: Asienduftender Gänsebraten

Bestellen Sie die Gans rechtzeitig beim Geflügelhändler. Gute 4 bis 4,5 Kilo sollte sie schon auf die Waage bringen! Auch wenn ein so großes Tier vielleicht zu viel für Ihre kleine Festgemeinschaft sein sollte. Aber eine magere Gans taugt nichts. Außerdem schmeckt kaltes Gänsefleisch wunderbar! Das Fett, den so genannten Flomen, legen wir erst einmal beiseite – er wird später mit Zwiebeln und Äpfeln ausgelassen: Gänseschmalz ist eine Delikatesse!
Wir geben diesmal der guten alten Weihnachtsgans einen völlig neuen Duft. Sie wird auf thailändische Art mit den Wohlgerüchen Asiens gewürzt, mit Ingwer, Knoblauch und Chili. All diese Gewürze sind übrigens durchaus nicht nur gut für den Geschmack, sondern auch für die Bekömmlichkeit. Sie helfen, das Fett der Gans besser zu vertragen, es wird rascher aufgespalten und so leichter verdaulich!

ZUTATEN

Für sechs Personen:
1 schön gemästete Gans (ca. 4,5 kg)
1 Bund Suppengrün
Salz, 1 TL Pfefferkörner
1 Lorbeerblatt
1 große Zwiebel
1 kleiner Apfel
1 TL getrockneter Majoran

Marinade und Saucenbasis:
4 Schalotten, 1 EL Öl
2 getrocknete Chilis
1 walnussgroßes Stück Ingwer
2 gehäufte EL Erdnüsse
150 g gelbe, fermentierte Sojabohnen (Glas)
1 gehäufter EL brauner Zucker
2 EL Zitronensaft
Balsamico
100 ml Kokossahne
zusätzlich 100 ml Kokossahne für die Sauce

Füllung:
4 Äpfel, 1 Zwiebel
2 Knoblauchzehen
1 walnussgroßes Stück Ingwer
3 EL Erdnüsse, 1 gestrichener EL brauner Zucker
Koriandergrün, Salz, Pfeffer

Die Gans vorbereiten:

Mit Küchenpapier innen und außen gut sauber wischen. Die Innereien herausnehmen, den Hals, den Magen und das Herz mit grob gewürfeltem Suppengrün in einem Topf mit Wasser bedecken, Salz und Pfefferkörner zufügen, ebenso das Lorbeerblatt. Aufkochen, dann zugedeckt auf kleinem Feuer etwa 2 Stunden leise köcheln. Die Leber beiseite legen.

Das Gänseschmalz:

Den Flomen, das Fett, das gut sichtbar im Innern der Gans sitzt, herauslösen, fein würfeln und in

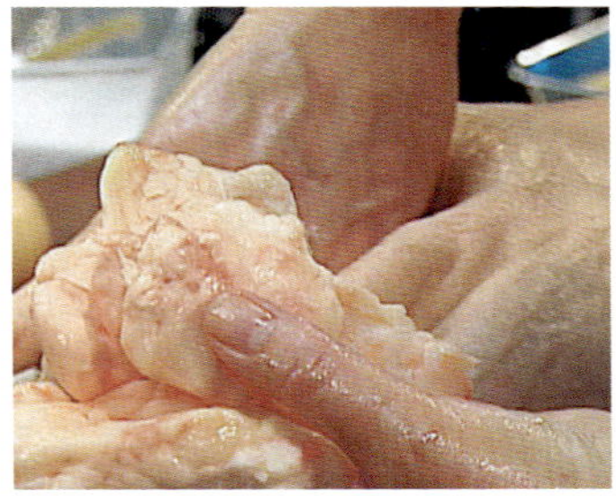

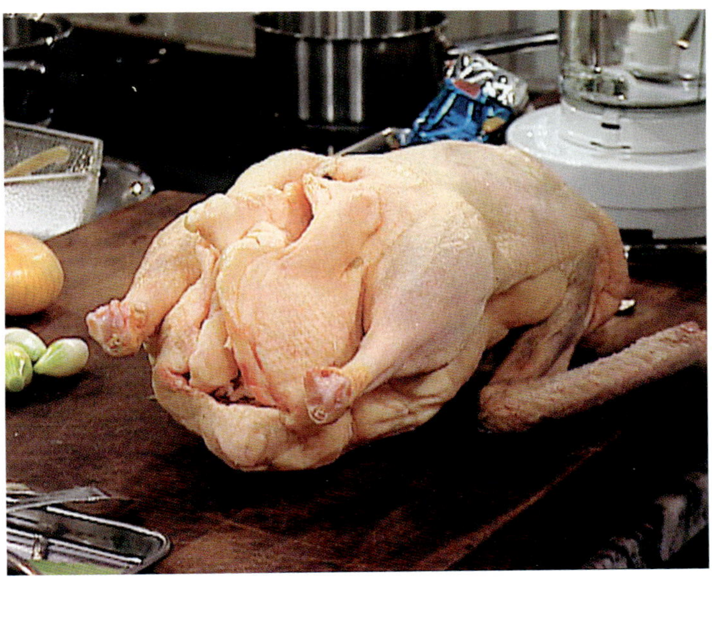

einen kleinen Topf füllen. Die Zwiebel halbieren, eine Hälfte grob zerkleinert in den Suppentopf, die andere Hälfte fein gewürfelt zum Gänsefett geben. Den Apfel schälen, vierteln, entkernen, die Viertel in feine Scheibchen schneiden und ebenfalls in den Fetttopf rühren. Mit Salz, Pfeffer sowie Majoran würzen. Das Fett leise etwa eine Stunde köcheln, bis die Grieben, Zwiebeln und Äpfel appetitlich braun geworden sind. In ein Steinguttöpfchen füllen und kalt stellen. Man kann es zum Kochen und Braten verwenden. Aber es schmeckt natürlich auch wunderbar auf geröstetem Graubrot. Besonders aber dann, wenn man dieses zuvor mit Knoblauch abgerieben hat.

Die Leber:

Vom Gänseschmalz eine kleine Schöpfkelle abnehmen, die gut geputzte, sorgsam gehäutete Leber rasch darin braten, dabei eine Knoblauchzehe und zwei kleine Thymianzweiglein mitziehen lassen. Mit Cognac flambieren. Schließlich alles mit etwa derselben Menge Butter im Mixer pürieren. Kalt stellen. Auf geröstetem Weißbrot als kleinen Happen zum Aperitif servieren.

TIPP

Diese überaus würzige Paste ist vielfältig einzusetzen: als Dip zu Fleisch, aber auch Gemüse, als Creme auf Crostini oder über heiße Pasta. Der Dip hält sich im Schraubglas eine Woche im Kühlschrank. Wir reiben jetzt jedoch die Gans mit etwa der Hälfte davon rundum ein und lassen sie in einem Plastikbeutel verpackt mindestens eine Stunde, ruhig aber sogar über Nacht ziehen.

Die Marinade:

Die Schalotten grob zerkleinern, im Öl anrösten, Chilis hinzubröseln und die Erdnüsse und Ingwer mitrösten. Sojabohnen mitsamt ihrer Flüssigkeit, Zucker, Zitronensaft und Kokossahne zufügen. 15 Minuten leise köcheln, mixen und mit Salz abschmecken. Im Mixer glatt pürieren.

Die Füllung:

Bevor die Gans ins Rohr geschoben wird, wird sie gefüllt. Die Äpfel vierteln, das Kerngehäuse entfernen, die Viertel nochmals halbieren, mit fein gewürfelten Zwiebeln und zerdrücktem Knoblauch sowie fein gehacktem Ingwer mischen. Chili nach Geschmack frisch und fein gewürfelt

oder getrocknet, dann nicht zu fein zerkrümelt untermischen. Die Erdnüsse in einer trockenen Pfanne rösten, bis sie duften, dann mit Zucker bestreuen und karamellisieren. Zusammen mit dem nicht zu fein gehackten Koriandergrün unter die Äpfel mischen. Alles mit Salz und Pfeffer würzen. In den Gänsebauch stopfen. Die Öffnung mit Küchenzwirn oder mit Zahnstochern verschließen.

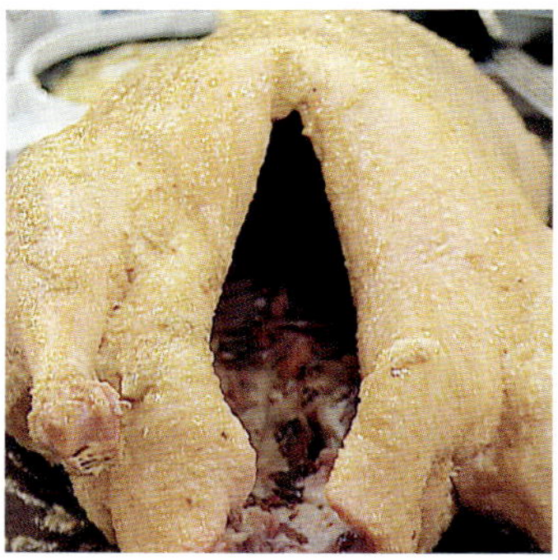

Das Dressieren:

So nennt das der Koch, wenn er die Gans zu einem handlichen Bratenstück zusammenschnürt: Mit Küchenzwirn werden die Flügel und Keulen an den Körper gebunden, damit sie nirgends abstehen und alles gleichmäßig garen kann.

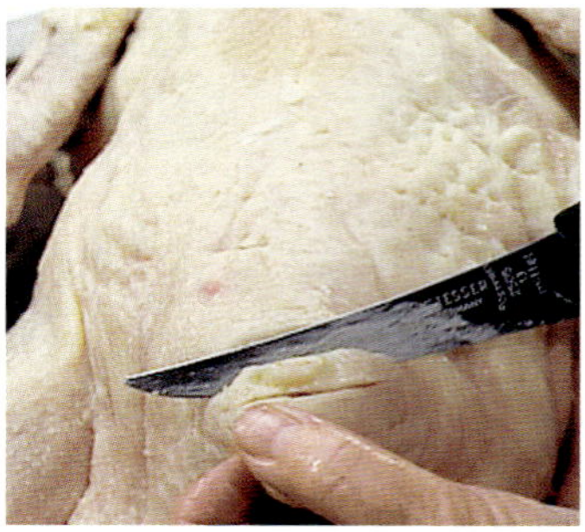

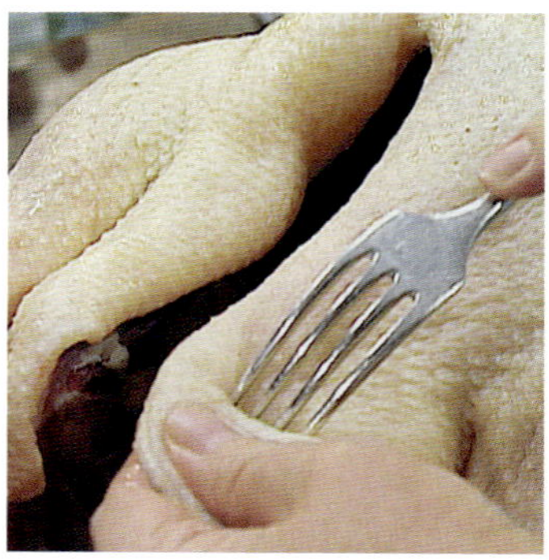

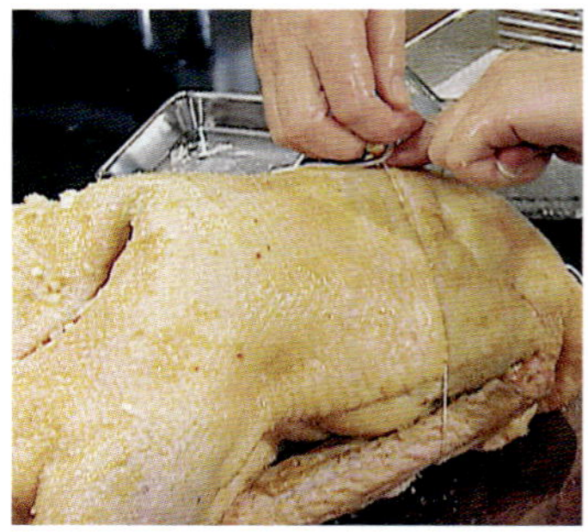

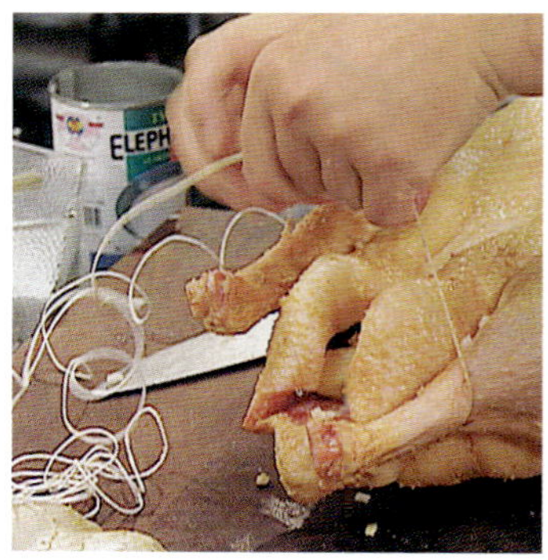

Das Braten:

Unsere Garmethode hat sich bewährt: Die Gans kommt bei niedriger Temperatur in den Ofen, bei nur 150 Grad. So brät der schwere Vogel auf dem Rost über der mit Wasser gefüllten Fettpfanne sozusagen ohne Aufsicht und wird am Ende dieser Zeit garantiert rundum herrlich knusprig sein. Nach 2 Stunden, der Halbzeit also, den Sud aus der Fettpfanne abgießen und, so gut es geht, entfetten. Mit der mageren Brühe die Gans übergießen. Zusätzlich zwei, drei Schöpfkellen Gänsebrühe über die Gans gießen.

Sie nunmehr weitere 2 Stunden ins Backrohr schieben.
Sonst braucht man sie weder zu begießen oder sonstwie ein Auge auf die Gans zu haben, es ist nicht einmal nötig, sie wie sonst üblich kurz vor Schluss noch einmal mit kaltem Salzwasser zu bepinseln, die Haut ist auch so schön resch.

Die Sauce:

Etwa 15 Minuten vor dem Essen wird die Sauce zubereitet: Den Bratenfond aus der Fettpfanne und die restliche Marinade in eine Kasserolle gießen. Am besten eine Fett-Mager-Terrine verwenden, die das meiste Fett ganz einfach abtrennt. Nur den mageren Saft mit der restlichen Kokossahne mischen und etwa 5 Minuten leise köcheln. Die Sauce mit dem Pürierstab aufmixen und mit je einem Schuss Balsamico und Zitronensaft abschmecken.

Das Servieren:

Eine Gans zu tranchieren ist viel weniger schwierig als man denkt: Zuerst trennt man die Keulen und Flügel ab, dann löst man das Brustfleisch heraus und schneidet es auf einem Brett in schmale, höchstens zentimeterstarke Scheiben. Am besten macht man das vor den Augen der Gäste am Tisch, so dass jeder gleich sein Lieblingsstück in Empfang nehmen kann.

Die Beilagen: Chinesische Hefebrötchen

Dafür brauchen wir einen Hefeteig. Wem das vor einem großen Festessen zu stressig ist, der kann ihn schon am Morgen (oder sogar am Vorabend) ansetzen. In diesem Fall bewahrt man den Teig in einer großen Plastiktüte im Kühlschrank auf und nimmt ihn eine Stunde vor dem Essen heraus, damit er wieder warm werden kann. Aber keine Angst: Eine Stunde Gehen reicht! Auch sind die Chinesen ganz und gar großzügig, was ihren Hefeteig angeht: Sie lassen weder den Vorteig noch die geformten Brötchen gehen, nur einmal die gesamte Teigportion, das genügt. Und trotzdem sind die Brötchen wunderbar krumig und locker! Die Klöße werden tennisballgroß geformt und schließlich vor dem Essen über Dampf gegart.

1 Das Mehl in die Rührschüssel der Küchenmaschine schütten und eine Kuhle hineindrücken. Zucker und Hefe in einer Tasse lauwarmer Milch auflösen. Die Maschine einschalten und auf mittlerer Geschwindigkeit laufen lassen. Nach und nach die restliche Milch zugießen und salzen. Rühren, bis der Teig glatt ist und Blasen wirft. Den Teig zugedeckt eine halbe Stunde gehen lassen.

ZUTATEN

Für sechs Personen:
500 g Mehl, 1 TL Zucker
1/2 Würfel Hefe
gut 1/3 l Milch, 1 Prise Salz

2 Den Teig auf der Arbeitsfläche durchwalken und durchkneten. Tischtennisballgroße Häppchen abtrennen und zwischen den Handflächen zu Bällchen rollen. Mit der Nahtstelle nach unten auf einen Dämpfeinsatz setzen, der mit Back- oder Butterbrotpapier ausgelegt ist. Man kann, muss aber nicht, die Hefebällchen zugedeckt noch einmal gehen lassen, bevor sie schließlich 10 Minuten über Dampf gegart werden.

Chinakohl aus dem Wok

Das Gemüse macht ebenfalls kaum Mühe: Es wird einfach in breite Streifen geschnitten, außerdem braucht man fein gewürfelten Ingwer, Chili und Knoblauch. Unmittelbar vor dem Servieren wirft man alles in den Wok, würzt, fügt Kräuter hinzu – und schon kann aufgetragen werden. Wichtig ist nur, dass nie zu viele Zutaten im Wok sind, sie bekommen dann nicht genügend Hitze, ziehen Wasser und schwimmen am Ende lasch in einer Brühe, statt schön knackig zu sein.

1 Den Chinakohl putzen, welke äußere Blätter entfernen. Quer in zweifingerbreite Streifen schneiden. Die Frühlingszwiebeln putzen, das Weiße in halbzentimeterbreite Ringe, das Grün in zentimeterbreite Stücke schneiden. Jetzt am besten in zwei Portionen braten:

ZUTATEN

Für vier bis sechs Personen:
1 Chinakohl (ca. 500 g)
2 Frühlingszwiebeln
2 EL Erdnussöl, 1 EL Sesamöl
je 1 gestrichener EL fein gewürfelter Ingwer und Knoblauch
1–2 Chilischoten (nach Belieben entkernt)
2 EL gelbe Sojabohnen (übrig von der Gänsemarinade)
Salz, Pfeffer, Zucker
2 EL Sherry, 2 EL Sojasauce
2 EL Brühe

2 Im Wok Öl erhitzen, zuerst die Hälfte der Würzzutaten, also Ingwer und Knoblauch, Chilis, Frühlingszwiebeln und Sojabohnen, dann die Kohlstreifen zufügen. Auf starkem Feuer unter Rühren braten, sogleich salzen, pfeffern und mit Zucker würzen. Herausnehmen und auf einer Platte beiseite stellen. Mit dem restlichen Kohl genauso verfahren. Dann alles wieder im Wok mischen, erst jetzt Sherry, Sojasauce und Brühe angießen. Auf stärkstem Feuer unter Rühren aufkochen. Nun auch das Grün der Frühlingszwiebeln zufügen. In einer Schüssel sofort zu Tisch bringen.

GETRÄNK

Dazu brauchen wir natürlich einen dem hohen Fest angemessenen großen Rotwein. Ein Grand Cru aus dem Bordeaux etwa wäre angesagt, ein edler Barolo, auch ein gehaltvoller Chianti oder Montepulciano, ebenso ein großer Burgunder.

Das Dessert: Ingwerflan auf karamellisierten Äpfeln

Der wird am besten bereits am Vortag zubereitet, damit die Creme fest werden kann. Das Dessert steht also fix und fertig im Kühlschrank parat, muss nur noch aus der Form gestürzt und zum Servieren hübsch angerichtet werden.

ZUTATEN

Für sechs Personen:
4 säuerliche Äpfel
(z. B. Boskoop oder Glockenapfel)
2 EL Butter
3 gehäufte EL Zucker
1 Rosmarinzweig

Ingwerflan:
100 g Zucker, 2 Eigelb
2 ganze Eier, 250 g Sahne
1 walnussgroßes Stück Ingwer

Außerdem:
geriebene Pistazien
eventuell Himbeersauce

1 Die Äpfel schälen, vierteln, das Kerngehäuse entfernen, die Viertel längs in halbzentimeterdicke Blätter schneiden. In einer Pfanne die Butter aufschäumen lassen, den Rosmarinzweig mitrösten. Die Apfelscheiben zufügen und durchschwenken, mit Zucker bestreuen und karamellisieren lassen. Aufpassen, dass die Apfelscheiben ihre Form behalten und nicht zerfallen.

2 Den Boden von Portionsförmchen mit Apfelscheibchen auslegen. Möglichst akkurat und dekorativ, denn zum Servieren wird die Creme aus der Form gestürzt. Restliches Apfelragout aufbewahren.

3 Für den Flan den Zucker mit Eigelb und ganzen Eiern im Wasserbad mit dem Schneebesen heiß und dick schlagen, Sahne zufügen (man kann sie in der Mikrowelle vorher erhitzen, dann geht alles noch viel schneller!), den geriebenen Ingwer zufügen. Die Masse unter ständigem Rühren mit dem Holzlöffel erhitzen, bis sie aufwallt und bindet. Die vorbereiteten Förmchen damit füllen. Mit Klarsichtfolie zudecken und kalt stellen.

4 Zum Stürzen die Creme mit einem spitzen Messer rundum vom Förmchenrand lösen, einen Teller auflegen, mit der Form stürzen. Nach Belieben mit Klecksen von Himbeersauce und mit den restlichen Apfelscheiben umkränzen. Mit Pistazienkrümeln dekorieren.

GETRÄNK

Dazu gibt es einen prickelnden Wein, warum nicht einen aus Äpfeln? Natürlich passt zum festlichen Anlass Champagner oder ein guter Winzersekt.

Silvestermenü

Unser Silvestertipp: Bagna cauda

Gemüse-Fondue auf Piemonteser Art

Diesmal waren wir im Piemont, um uns für unsere Silvestersendung inspirieren zu lassen. Dort liebt man in dieser kalten Jahreszeit ein Gericht, das sich mit einer Art Fondue vergleichen lässt: Bagna cauda. Übersetzen kann man das etwa mit *heißem Bad*, und genau das ist es auch. Ein heißes, würziges, knoblauchduftendes Ölbad für Gemüse. Und ein unglaublich gemütliches Essen! Die Gäste sitzen rund um den Tisch, im Piemont hat jeder ein eigenes kleines Stövchen, darauf ein irdenes Töpfchen, in dem die herzhafte Sauce am Brodeln gehalten wird. Wir nehmen einfach einen normalen Topf, in dem die würzige Sauce auf dem Rechaud siedet, beziehungsweise stellen einen Fonduetopf in die Tischmitte, wie man ihn für Käsefondue nimmt, den so genannten Caquelon (der ist ja auch im Allgemeinen aus Keramik) oder eine völlig normale Kasserolle. Darin brodelt also die würzige Sauce, man stippt vom vorbereiteten

Gemüse jeweils etwas ein, oder man träufelt sich davon über das Gemüse auf seinem eignen Teller und kann es dann vergnügt verspeisen. Das ist übrigens gehaltvoller, als man glauben mag, wenn man hört, dass hier »nur« Gemüse im Spiel ist. Aber die Saucenbasis ist fruchtiges, reines Olivenöl, natürlich bester Qualität, also extra vergine! Hinzu kommt eine Menge Knoblauch und ebenso viele Sardellen. Und trotzdem ist alles bekömmlich, vorausgesetzt, man spart nicht mit Wein, der hilft, die Sache gut aufzuschließen.
Die Bagna cauda ist ein Riesenspaß, ein höchst geselliges Essen, das sich den ganzen Abend über hinziehen kann, und es schmeckt umwerfend gut! Und die Beschäftigung damit verkürzt die Zeit, bis das neue Jahr begrüßt werden kann, auf das unterhaltsamste!

Schinkenröllchen

Die Vorspeisen

Zur Einstimmung – schließlich ist ein Silvesterabend lang – gibt es ein paar kleine Vorspeisen: Das Piemont gilt als das Land der Antipasti, und tatsächlich ist nirgends das Angebot solcher kleiner, feiner Speisen zahlreicher, phantasievoller, bunter und pfiffiger! Und zudem sind sie nahezu allesamt höchst einfach und ganz schnell vor- und zuzubereiten. Die Mengen sind übrigens so bemessen, dass sie für sechs bis acht Personen ausreichen, wenn Sie alle Vorspeisen servieren, auch wenn die einzelnen Rezepte für vier bis sechs Personen angegeben sind.

Pro Person eine Scheibe vom erstklassigen gekochten Hinterschinken mit blanchierten Spinatblättern und Käsewürfeln (Mozzarella, junger Gouda oder reifer Brie) belegen, eventuell einen Klecks Tomatenpüree dazwischen geben, aufwickeln, in eine feuerfeste Form setzen, mit etwas Brühe benetzen und im Ofen, bei ca. 200 Grad, 10 Minuten erwärmen, bis der Käse schmilzt.

Kräuterkücherl (fritelle delle erbe)

Ein hübscher Happen zum Aperitif. Zusammen mit einem Salat ergeben sie eine kleine feine Vorspeise.
Die Eier verquirlen, salzen und pfeffern, den Käse und das Mehl unterrühren. Eine halbe Stunde stehen und quellen lassen, damit sich der Kleber des Mehls ausbilden kann. Erst dann die Kräuter im elektrischen Zerhacker oder mit einem großen Messer fein zerkleinern und unter die Eier mischen. Die Masse mit durch die Presse gedrücktem Knoblauch würzen.
In einer beschichteten Pfanne etwas Butter erhitzen, jeweils einen Esslöffel Eiermasse hineinsetzen und zu einem kleinen flachen Küchlein auseinander streichen. Zunächst auf der einen Seite stocken lassen, bis kaum mehr Flüssiges an der Oberseite sichtbar ist, wenden und auch auf der anderen Seite bräunen.

ZUTATEN

Für vier bis sechs Personen:
4 Eier, Salz, Pfeffer
je 100 g frisch geriebener Parmesan und Mehl
2 großzügige Hand voll Kräuter
3–4 Knoblauchzehen
Butter für die Pfanne

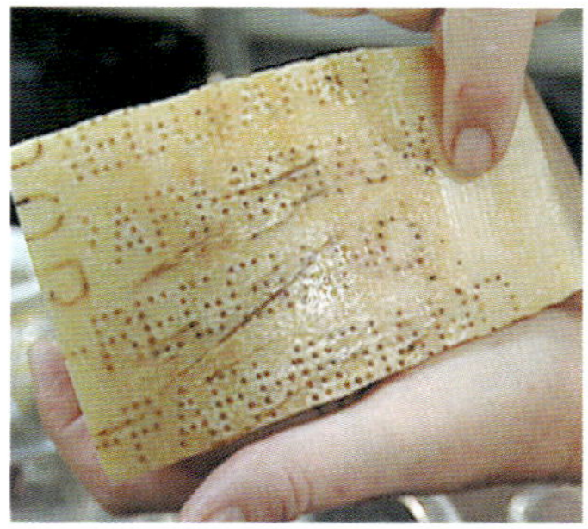

Echter Parmesan trägt seinen Namen auf der Rinde.

Dazu gibt es als Farbklecks und als Erfrischung eine

Sauce aus rohen Tomaten:
3 feste Tomaten, Salz, Pfeffer, einige Tropfen Balsamico, 1–2 EL Olivenöl
Die Tomaten überbrühen, eiskalt abschrecken, dann häuten und entkernen. Das Tomatenfleisch halbzentimetergroß würfeln, mit Salz und Pfeffer, etwas Balsamico und Olivenöl würzen. Zu den Kräuterkücherl servieren.

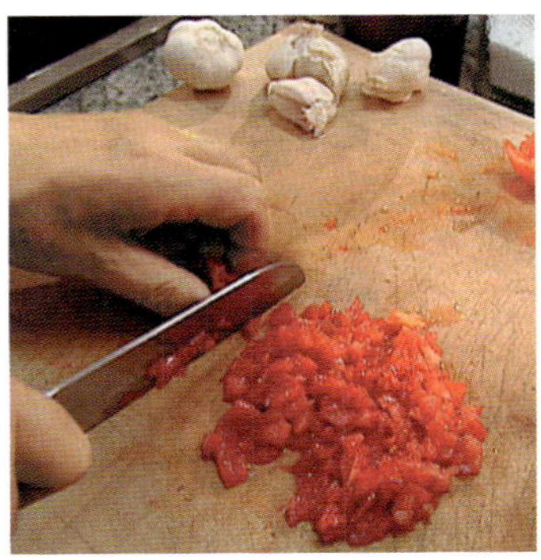

Frischkäseröllchen

Sehen hübsch aus und schmecken köstlich, denn der hier nach Zitronenschale duftende Frischkäse gibt dem Rindfleisch eine ganz neue Würze. Wichtig jedoch: Der Frischkäse muss schön fest sein. Und das Rindfleisch makellos. Der Metzger muss ein sehr gut abgehangenes Stück Rinderlende (Roastbeef) für Sie aussuchen und es von jeglicher Fett- und Sehnenschicht befreien.

1 Die Rinderlende in dünnen Scheiben auf der Arbeitsfläche ausbreiten, mit dem Fleischklopfer flach streichen und mit Pfeffer würzen.

2 Den Frischkäse mit Zitronenschale und den abgezupften und fein gehackten Kräutern (gut passt übrigens auch in feine Röllchen geschnittener Schnittlauch!), mit Salz und Zitronensaft sowie Cayennepfeffer würzen. Gut mischen.

ZUTATEN

Für vier bis sechs Personen:
6–8 dünne Scheiben
Rinderlende (makellos pariert)
Pfeffer, 250 g Frischkäse
3–4 Stengel Petersilie,
Dill oder Kerbel, etwas
abgeriebene Zitronenschale
1 Bund Schnittlauch
Zitronensaft, Salz
Cayennepfeffer, Salatblätter

3 Mit einem breiten Messer etwa halbzentimeterdick auf den Fleischscheiben verstreichen. Sie aufrollen und quer halbieren oder in drei mundgerechte Bissen schneiden. Auf einer mit Salatblättern ausgelegten Platte anrichten. Dazu gibt es, wie zu all diesen Vorspeisen, natürlich frisches Weißbrot.

Kalbszunge auf Rucola

TIPP

Die Frischkäsemischung schmeckt umso besser, je aromatischer die Zitronenschale duftet. Achten Sie auf alle Fälle darauf, ungespritzte Zitronen zu verwenden, und schauen Sie, ob Sie die großen Zitronen von der amalfitanischen Küste bekommen – gute italienische Gemüsehändler führen sie in der Winterzeit!

Im Handumdrehn zubereitet, denn die Kalbszunge kaufen Sie fix und fertig gepökelt und gekocht beim Metzger.

ZUTATEN

Für vier bis sechs Personen:
1 Kalbszunge (wie oben beschrieben – ca. 400 g)
200 g Rucola, Salz, Pfeffer
2 EL milder Essig
5 EL Balsamico, 4 EL Olivenöl

1 Die Zunge längs auf der Aufschnittmaschine in dünne Scheiben schneiden und auf einem Bett von Rucolablättern anrichten. Entweder auf einer großen Platte, von der sich alle bedienen, oder auf Portionstellern auftragen.

2 Aus Salz, Pfeffer, mildem Essig und einem Esslöffel Balsamico eine Marinade rühren und gleichmäßig darüber träufeln. Den restlichen Balsamico in einem kleinen Töpfchen einkochen und dekorativ über die Teller träufeln.

GETRÄNK

Zu dieser wie zu allen hier vorgestellten Vorspeisen empfiehlt sich ein knackiger, frischer Weißwein – etwa ein Gavi oder ein Arneis aus dem Piemont.

Die Bagna cauda

1 Die geschälten Knoblauchzehen im Öl eine Stunde leise simmern lassen. Die Sardellenfilets zufügen, nach wenigen Minuten bereits alles mit dem Mixstab fein pürieren – fertig ist die Sauce.

ZUTATEN

Für sechs bis acht Personen:
20 Knoblauchzehen
1/2 l Olivenöl
20 Sardellenfilets
Außerdem:
Reichlich Gemüse:
1 kleiner Wirsing
1 Blumenkohlkopf
1 Romanescukopf
1 Broccoli
6 Mangoldstiele
4 Fenchelknollen
4 Möhren
4 ganze Gemüsezwiebeln
2 Rote Beten
6 Kartoffeln, je 1 rote, gelbe, grüne Paprikaschote
1 Gurke, 1 Radicchiokopf
1 Kardenstaude
(siehe Tipp S. 191)

TIPP

Sardellen nach Möglichkeit in Öl (am besten in Olivenöl!) eingelegt kaufen. Falls Sie nur solche im Salz bekommen, müssen Sie sie ganz kurz unter fließendem Wasser abspülen.

❷ Alle Gemüse dekorativ auf große Platten drapieren und auf dem Tisch bereitstellen.
Jetzt wird das Gemüse für die Bagna cauda vorbereitet. Was gekocht werden soll, wird geputzt und entsprechend zugeschnitten: Ein junger Wirsingkopf von seinen welken Außenblättern befreit und geviertelt, Möhren geschält, aber ansonsten unzerteilt gelassen (sie können auch roh bleiben, dann werden sie geschält und

längs in Stifte geschnitten), auch Mangoldblätter und -stiele sind geeignet, Blumenkohl, Broccoli und Romanescu (Türmchenkohl) in Röschen geteilt, Fenchel halbiert oder geviertelt. Alles wird jeweils in Salzwasser oder im

Dampf gegart. Auch Fenchel hat übrigens im rohen Zustand seine Liebhaber.

3 Zwiebeln, Kartoffeln und Rote Beten werden am besten im Backofen gegart. Nebeneinander in eine passende Backform gelegt, brauchen sie bei 200 Grad etwa eine Stunde, bis sie weich und gar sind.

4 Paprika in allen Farben wird in Streifen geschnitten, Stangensellerie von seinen Fäden befreit.

5 Zusammen mit dem Gemüse auf den Tisch stellen, die Gäste bedienen sich selbst.

TIPP

Karden sind ein bei uns noch eher unbekanntes Gemüse. Im Piemont jedoch gehören sie zwingend zur Bagna cauda. Die armlangen Stauden stammen aus der Familie der Artischocken und sind ein ausgesprochenes Wintergemüse. Für die letzten Wochen vor der Ernte werden sie mit Papier oder Plastik umhüllt, damit sie bleichen, wie man das auch mit Stangensellerie macht. Die Stauden werden küchenfertig gemacht, indem man die einzelnen Stiele auseinander trennt und fädelt: Dafür mit einem Messer am oberen und unteren Ende ein Scheibchen abschneiden und vorsichtig die so gelösten Fäden abziehen. Die Stiele in streichholzschachtelgroße Stücke schneiden und sofort in Zitronenwasser legen, damit sie sich nicht verfärben. Zum Kochen setzt man einen Sud aus 2 l Wasser an, das mit einem Esslöffel Salz, 2 Esslöffel Mehl und 3 Esslöffel Zitronensaft verquirlt ist. Darin bleiben die Karden auf jeden Fall schön hell. Sie müssen eineinhalb bis zwei Stunden kochen, bis sie schmelzend weich sind.

TIPP

Es muss ja nicht immer gleich der gesamte Vorrat auf den Tisch gestellt werden. Lieber in kleinen Portionen anrichten; sobald die Platte leer ist, kommt Nachschub aus der Küche. Denn: zu groß darf der Tisch ja nicht sein, sonst sitzen die Gäste zu weit vom Topf entfernt...

GETRÄNK

Dass größere Mengen Wein nötig sind, um das Essen zu verdauen, versteht sich. Ein intensives Gewächs, natürlich wieder aus dem Piemont, ein kraftvoller Barbera aus dem Barrique, Barolo oder Barberesco sind hier am besten geeignet.

6 Die Sauce wird auf einem Rechaud bei Tisch am Sieden gehalten. Die Gäste nehmen sich vom Gemüse, schöpfen sich heiße Sauce darüber, die sie dann mit krumigem Weißbrot aufwischen können. Ganz zum Schluss kann man für jeden, der noch Hunger hat, ein bis zwei Eier ins verbliebene Öl schlagen und unter behutsamem Rühren stocken lassen: ein Rührei der Extraklasse!

Das Dessert: Torroneparfait

Noch ein Rezept aus dem Piemont, kinderleicht und ganz schnell gemacht: Man braucht dafür Torrone, das ist jener weiße Schaumriegel mit Mandeln oder Haselnüssen, die man auch auf Jahrmärkten kaufen kann. Man bekommt sie in italienischen Läden oder in der Ethnoabteilung von gut sortierten Supermärkten. Das Parfait selbst ist so kinderleicht gemacht, dass Sie Ihren Gästen das Rezept gar nicht verraten sollten - sie werden es ohnehin nicht glauben!

Den Torroneriegel zerkrümeln, am besten im Mixer. Mit steif geschlagener Sahne vermischen und schließlich in einer kleinen Kastenform ins Gefrierfach stellen. Die Form zuvor mit Klarsichtfolie auslegen, dann kann man das gefrorene Parfait ganz einfach aus der Form ziehen.

ZUTATEN

Für vier bis sechs Personen:

150 g Torrone
1/4 l Sahne

Zum Servieren den Parfaitblock in Scheiben schneiden und mit einer Fruchtsauce (Himbeeren, Brombeeren oder Aprikosen) anrichten. Oder, eine wirklich ausgefallene Anrichtung: Die Eisparfaitscheiben dekorativ mit Balsamicosirup beklecksen (siehe auch die Vorspeise mit der Kalbszunge).

GETRÄNK

Dazu gehört natürlich ein prickelnder Moscati d'Asti, am liebsten von einem kleinen Winzer.

Bezugsquellen

Wir leben auf dem Land, ziemlich weit von interessant bestückten Märkten und von Delikatessengeschäften mit ausgesuchtem Angebot entfernt. Wenn wir auch in der glücklichen Lage sind, eine Menge ungewöhnlicher oder gar fremdartiger Zutaten und Lebensmittel von unseren vielen berufsbedingten Reisen mitzubringen, so fehlt uns häufig die Möglichkeit zum gezielten Ein- oder Nachkauf. Und manche Spezialitäten gibt es einfach nicht überall, weil sie nur in begrenzter Menge produziert werden und schon deshalb nicht in großen Läden angeboten werden können. Viele kleine, noch handwerklich arbeitende Hersteller vertreiben daher ihre rare Ware lieber per Versand oder gar über Versandhäuser, die sich auf solche Nischenprodukte spezialisiert haben. Wir finden es überaus bequem, was wir brauchen einfach ins Haus geliefert zu bekommen. Deutsche Weine bestellen wir bei den Winzern, die wir mögen, am liebsten direkt. Importweine und alle übrigen besonderen Lebensmittel (zum Beispiel erstklassige Anchovis, allerbesten eingelegten Thunfisch, sizilianische Bottarga oder Sardinen) gern und regelmäßig bei folgenden kleinen Unternehmen:

VINCENT BECKER
Gewerbestraße 11
79285 Ebringen bei Freiburg
Tel: 07664/97980
Fax: 07664/979899
www.vincent-becker.de
E-Mail: info@vincent-becker.de

Hier gibt es Essige aus aller Welt, auch echten aceto balsamico tradizionale, unterschiedlichste Ölsorten (zum Beispiel Olio agrumato oder Kürbiskernöl), eine reiche Auswahl an Spezialitäten aus Italien, Frankreich und Österreich – sogar eine kleine, aber feine Auswahl an Weinen und Champagner. Besonders erwähnenswert noch die Konfitüren von Christine Ferber und die Schokoladen (bis 100% Kakao-Anteil) von Slitti. Auch originelle, witzige oder schöne Gerätschaften für Küche, Tafel und Keller. Er ist übrigens auch Bezugsquelle für unsere Apfelprodukte (Sekt, Saft, Essige) aus unserem Apfelgut.

BOS FOOD
Grünstraße 24c
40667 Meerbusch
Tel: 02132/1390
Fax: 02132/139100
www.bosfood.de
E-Mail: service@bosfood.de

Hier gibt es eine Fülle interessanter Zutaten, unbedingt Liste schicken lassen!

CULINARIA
Gut Neunthausen
72172 Sulz-Hopfau
Tel: 07454/969798
Fax: 07454/969796
www.apfelgut.de
E-Mail: info@apfelgut.de

Schürzen mit unserem Namen bestickt: »Kochen mit Martina & Moritz«, in Rot, Weiß, Blau und Grün für Euro 38,35 inkl. Mwst. und Versandpauschale. Außerdem können Sie hier alle unsere Bücher bestellen, die wir auf Wunsch gern mit persönlicher Widmung versehen.

GARIBALDI
Frohschammerstraße 14
80807 München
Tel: 089/3590222
Fax: 089/3592929
www.GARIBALDI.de
E-Mail: info@GARIBALDI.de

Wohl das umfassendste Angebot an italienischen Weinen, aus sämtlichen Regionen und in allen Qualitätsstufen. Dazu eine interessante Auswahl an Spezereien, Fisch in Dosen, Olivenölen, Saucen, Pasta und anderen Zutaten aus Italien.

KÖSSLER & ULBRICHT
GmbH & Co. KG
Nordostpark 78
90411 Nürnberg
Tel: 09 11 / 52 51 53
Fax: 09 11 / 5 29 88 74
www.weinhalle.de
E-Mail: info@weinhalle.de

Weine aus aller Welt, nicht nur Europa, auch Kalifornien, Australien und andere Anbaugebiete in Übersee.

LandArt
Egelseestraße 44
A-4866 Unterach am Attersee
AUSTRIA
Tel: 00 43 76 65 / 60 11
Fax: 00 43 76 63 / 2 00 11 23
www.landart.at
E-Mail: office@landart.at

Frisches Fleisch vom Rind und vom Waldschwein aus artgerechter Haltung, glückliches Geflügel, daraus handwerklich hergestellte Wurst und Schinken sowie fix und fertig zubereitete Gerichte. Kommt per Kühlpaket oder per Kühlwagen.

THOMAS SPÄTH
Weinhandel
Franz-Joseph-Straße 43
80801 München
Tel: 0 89 / 34 47 61
Fax: 0 89 / 39 98 63
www.thomasspaeth.de
E-Mail: office@thomasspaeth.de

Spezialisiert auf österreichische Weine. Super Angebot aus allen Anbaugebieten des Landes.

TIVONA ALIMENTARIA
Im Klapperhof 33a
50670 Köln
Tel: 02 21 / 1 39 56 54
Fax: 02 21 / 1 39 56 55
www.oliva-verde.de
E-Mail: tivona@oliva-verde.de

Feinste Essige (auch Balsamico-Essig) und Öle, erlesene Hülsenfrüchte, unterschiedliche Reissorten (dort gibt es übrigens auch den fabelhaften Bomba-Reis für Risotti und Paellas) und absolute Spitzen-Sardinen in Olivenöl.

WERNER'S **Naturspezialitäten**
A-8503 St. Josef 14
AUSTRIA
Tel: 00 43 31 36 / 8 32 00
Fax: 00 43 31 36 / 8 32 00 4
www.werners.at
E-Mail: delikatessen@werners.at

Spezialitäten aus der Steiermark, Marmeladen, Schokolade, Kürbiskernöl, Brände, Essige und Weine.

ROHMILCHKÄSE AUS DEM MÜNSTERTAL:
Rotschmierkäse nach Art des elsässischen Munsterkäses, aber auch Schnittkäse produziert die **Spielwegkäserei** der Familie Fuchs im Romantik-Hotel Spielweg
Spielweg 61
79244 Münstertal
Tel: 0 76 36 / 70 90
Fax: 0 76 36 / 70 966
www.spielweg.com
E-Mail:
spielweg@romantikhotels.com

La Vineria, Dr. Peter Hilgard
Weinhandel GmbH
Postfach 61 04 53
60346 Frankfurt
Tel: 0 69 / 42 57 06
Fax: 0 69 / 42 53 09
www.lavineria.de
E-Mail: info@lavineria.de

Gute Auswahl in spanischen Weinen und interessante Sherrys.

Eine ausführliche Liste mit sämtlichen Sherry-Importeuren Deutschlands kann man beim Informationsbüro Sherry bestellen: www.sherry-info.de

Rezeptregister

Stichwortverzeichnis